AI时代的学习力

用模型看世界

模型无处不在

真果果◎主编
羡晓倩◎著　白开水◎绘

海豚出版社
DOLPHIN BOOKS
CICG 中国国际传播集团

生活中处处有模型。
统计孩子们的身高，
可以发现它是由均值向两侧对称分布的，
是一个正态分布模型。

统计书店里童书的销量，
可以发现它是呈长尾分布的，
是一个幂律分布模型。

此外，
还有扩散模型、随机游走模型，
以及经常可以听到的大模型……
懂？
一起来了解一下吧。

前言

AI（人工智能）、大数据、机器人、无人驾驶、大语言模型……大量与新科技有关的词汇闯入我们的生活，人类即将进入 AI 时代。

数据是 AI 的“血液”或“燃料”，它推动 AI 的发展。

如今，数据比比皆是。

面对这些，人类的思考方式是否需要随之转变？怎样转变？

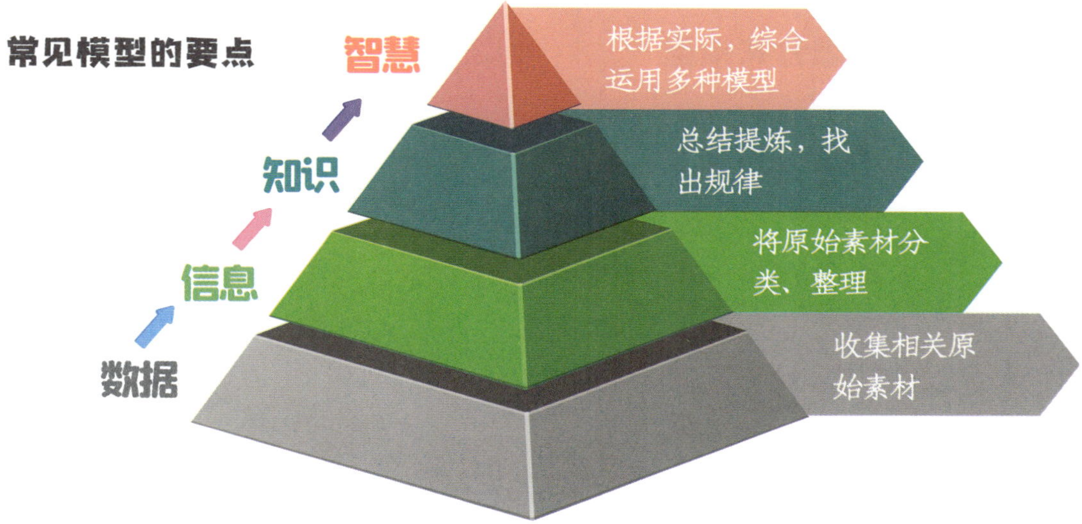

模型思维是什么？模型思维是一种基于数据的思维方式，也是一种观察世界的方法。模型思维帮助你理解数据，用数据解决问题、预测未来。

模型思维让数据说话，所以，它更理性，也更具逻辑性。

对孩子来说，学习用模型思维来思考问题，可以让他们做事更有条理、更有效率，能够拥有更强的思考力。

小朋友无论遇到哪类问题，都可以用这种方式来思考并找到解决办法。

目录

大模型时代

AI 大模型、大模型时代……
当你听到这些流行词时，
有没有发出这样的疑问：
大模型是什么意思？

我们前面所说的学习方法模型、时间管理模型等，都是很小很小的模型，重在帮小朋友养成由数据收集、归类，再提炼出某种模型的模型思维。

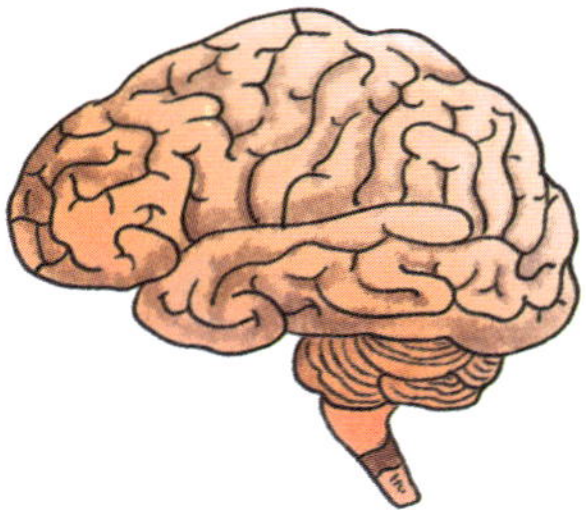

而 AI 大模型，是指具有 1 亿以上参数（如今已达到千亿或万亿级别）的机器学习模型，机器在很大的数据集上进行预训练，可以直接支撑各类应用。

比如 2023 年爆火的 ChatGPT、Midjourney，2024 年初又推出的 Sora，以及最新的 DeepSeek 等，都是 AI 大模型，它们有上千亿、万亿的参数。

那些大模型，帮助 AI 从超大量的数据中学习并处理复杂的任务。而我们小朋友，先从这些小的模型开始，形成模型思维，以后能更快地理解 AI 时代的大模型。

机器人和糖糖收集到的基本信息如下：

糖糖：女孩儿，三年级，身高 136 厘米，体重 30 公斤

喜欢的颜色：粉色

喜欢的家人：妈妈、爸爸

擅长的事情：跳舞、交往、表达

不擅长的事情：跳绳、跑步、数学

喜欢看的书：故事类（不喜欢科普类）

糖糖，你的这点数据太少了，离“全面”还差很多呢，如果再与系数、权重（数学术语）等联系到一起，估计你就更乱了。不过有这种数据思维还是很好的。

你这是“鼓励”我呢，还是鼓励我呢？

一个人的信息是多而庞杂的，除了 TA 自己之外，还有 TA 的成长环境（客观环境）、家人的情况（遗传因素）等等。

糖糖上了三种课外班：英文绘本阅读课、舞蹈课、小小主持人。

糖糖的妈妈是一名舞蹈演员，爸爸是一名工程师。

糖糖家里有一个大书柜，里面各种各样的书都有。但糖糖更喜欢看 PAD，看手机，听故事。

糖糖的这些数据在列出来的时候，其实已经做了简单的归类。

通过总结这些信息，我们可以看到她偏爱文艺，理性思维弱一些。

模型思维可以让我们更客观地认识自己，更了解自己，这样才能更好地挖掘自己的潜力，朝着天赋和擅长的方向努力。

处处有模型

糖糖的同学童童，身高比较矮。他的妈妈有点焦虑，怕孩子成年之后身高太低。

7—18岁男生身高发育等级划分标准

年龄/岁	身高（cm）				
	下等	中下等	中等	中上等	上等
7岁	113.51	119.49	125.48	131.47	137.46
8岁	118.35	124.53	130.72	136.90	143.08
9岁	122.74	129.27	135.81	142.35	148.88
10岁	126.79	133.77	140.76	147.75	154.74
11岁	130.39	138.20	146.01	153.82	161.64
12岁	134.48	143.33	152.18	161.03	169.89
13岁	143.01	151.60	160.19	168.78	177.38
14岁	150.22	157.93	165.63	173.34	181.05
15岁	155.25	162.14	169.02	175.91	182.79
16岁	157.72	164.15	170.58	177.01	183.44
17岁	158.76	165.07	171.39	177.70	184.01
18岁	158.81	165.12	171.42	177.73	184.03

注：表中数据依据中华人民共和国国家卫生健康委员会 WE/T612—218 文件填写。

无论是儿童的身高体重，还是某种小动物的身高体重，都在某个范围之内。这符合正态分布模型。

160
150
140
130
120

正态分布模型

正态分布模型也是先要有大量数据。

01 大量同年龄段孩子的身高数据。

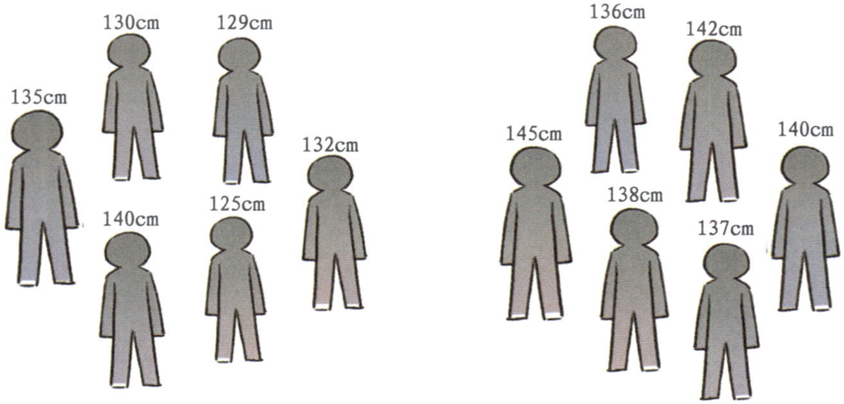

02 根据这些基础数据，按年龄段分类后，取平均值，可得到想要的平均身高信息及某年龄段的标准身高区间。

男生平均数值	
年龄	身高
10 岁	140.76cm
9 岁	135.81cm
8 岁	130.72cm
7 岁	125.48cm
……	

女生平均数值	
年龄	身高
10 岁	141.18cm
9 岁	134.91cm
8 岁	129.34cm
7 岁	124.13cm
……	

一个健康的孩子，身高不会出现什么极端情况，只要正常吃饭、运动，都会在正常范围内。即使有个别不在这个范围之内，因病理原因造成过高或者过低，也不会有极端情况出现。即，儿童没有 5 米高的，也没比新生儿还矮的。

没有极端情况的这种模型，即正态分布模型。

小朋友可以自己统计一下班级同学的身高，然后用柱形图来画一画。结果是不是像这样，看起来就像个倒扣的钟一样？
正态分布模型中间高，两边逐渐变低，基本呈对称分布。

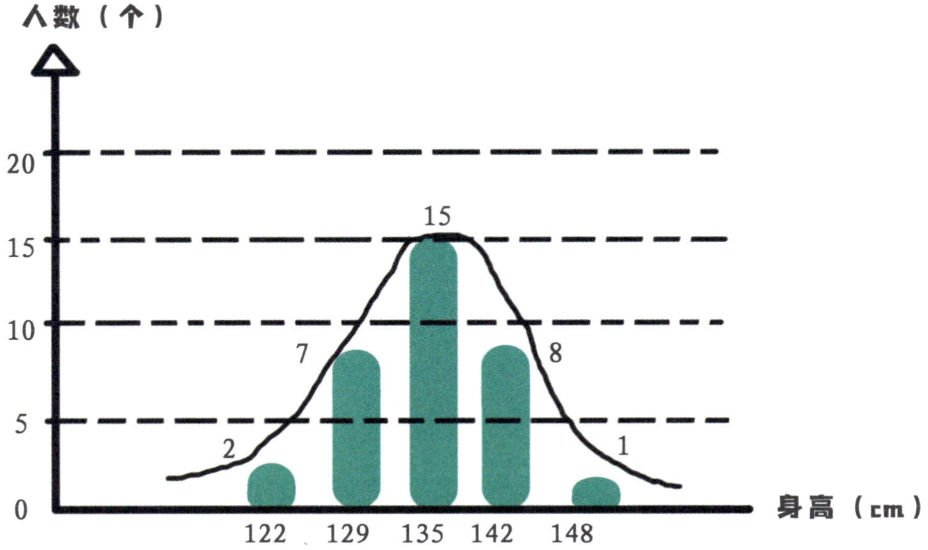

不仅小朋友的身高，动物的体形也是呈正态分布的。我们从来没有见过像大象那么大的熊猫，也没见过像老鼠那么小的大象。

呈正态分布的事物很多，比如学生的考试成绩、超市的营业额等。

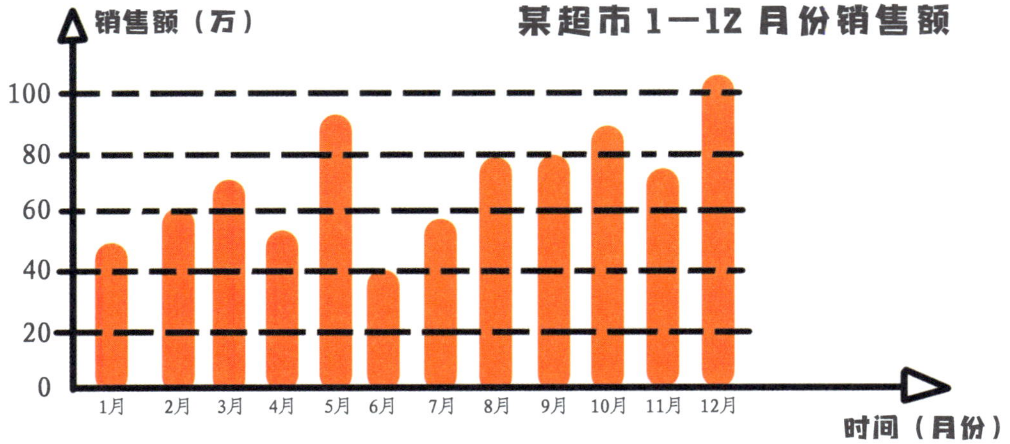

数据的平均值，称为均值。比如9岁男童身高的均值是135.81cm，三年级二班的数学平均分是95分，2023年全国早稻的亩产量为399.1公斤。这些都是均值。

数据分布的离散程度①，可以用标准差②来表示。
正态分布的特征就在于它的均值和标准差。所有正态分布的图形，看上去都像下图这样：

正态分布的规律：

约68%的结果在均值的一个标准差内；
约95%的结果在均值的两个标准差内；
约99%的结果在均值的三个标准差内。

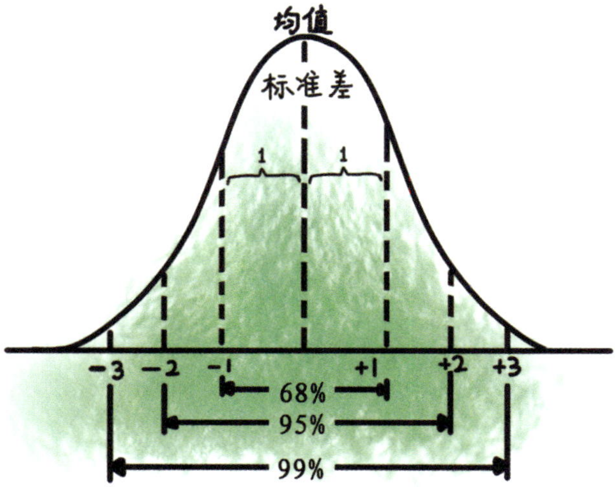

与均值距离超过五个标准差的发生概率为两百万分之一。

①离散程度，是描述数据分布分散性的指标，反映数据点在平均值周围的波动或差异程度。
②标准差又称标准偏差，它反映了数据集合中每个数值与数据集平均值的偏离程度。

这种正态分布模型所需的数据量比较大，加工、整理、计算过程比较复杂。

小模型的数据可能就几种十几种，多了也不过几十种。

复杂一些的模型，数据可能千万、上亿了。

童童的身高虽然不在那 68% 中，但是在 95% 中，在班里虽然是矮的，但是整个学校的同龄人中，肯定还有比他矮的。他们的身高都属于正常范围，不需要太过焦虑。

一般影响结果的因素特别多，且没有哪个因素可以完全左右结果时，这个结果通常呈正态分布，也就是整体趋向中间。

学习正态分布模型，可以让我们了解很多事情，比如：为什么幼儿园里有个别特调皮的同学，也有个别特招人喜爱的同学；升到小学之后，虽然换了一波小伙伴，但依然有个别特调皮的，也有个别特招人喜爱的。

不管哪个班级，为什么都有几个学习好的，也有几个学习不太好的，大部分是不好也不差居中的？不管哪个年级的学生，为什么都是这样分布的？

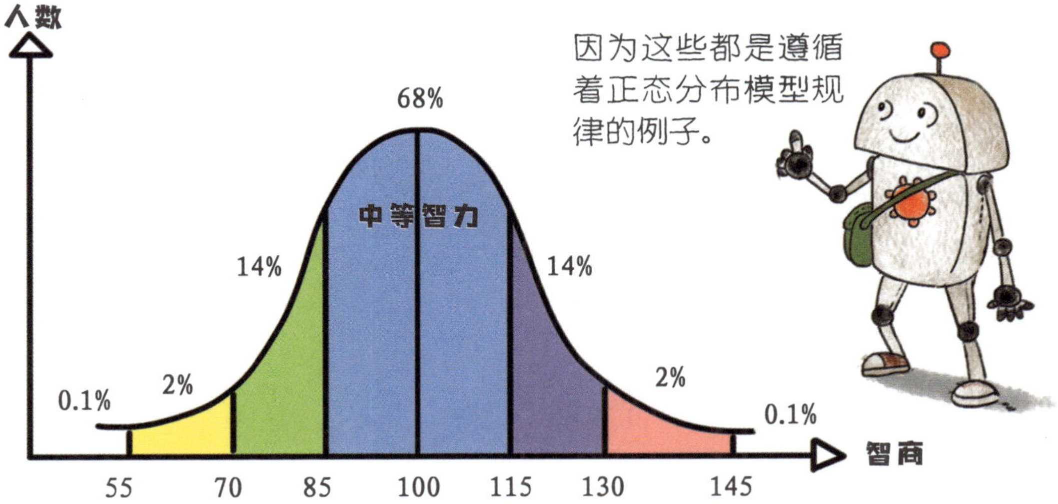

正态分布让我们更加理解一些现象为什么会出现，也能更从容地面对问题。比如，假设童童的班级有 50 人，有一两个学习特别好的，占据了前两名的位置；有一两个成绩不好的，每次都不及格；有 34 名同学成绩居中游；前面还有六七名不错，但很难得第一名；后面也还有六七名，成绩不太行，但也不至于倒数第一。

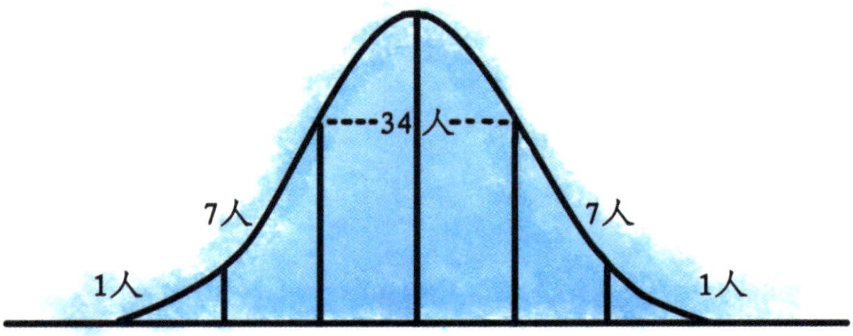

童童现在在班里的成绩居中，如果想挤进前 8 名，就要前进一个标准差。他现在的成绩在 25 名左右徘徊。如果他想挤进前 8 名，想要赶超，就要加速再加速，要付出比别人多一倍甚至两倍的努力。

无论是当代，还是古代，想从自己原来的位置前进一个标准差都不是容易的事。比如，战国时期，贫苦人家的苏秦，从普通贫苦家庭的一名小孩子（类似班级的中下游），成为名留青史的著名的外交家、谋略家。他的努力程度也超出了绝大多数的普通人，他读书困了就拿锥子扎自己的大腿，然后继续苦读。

东晋时期的车胤，也是出自贫苦家庭，后来成为大学问家、朝廷名臣，也是超过了99%的同龄人，成为令人羡慕的少数人、别人家的孩子。他刻苦读书的故事也广为流传，晚上没有钱点灯读书，他便抓了萤火虫放到袋子里，借萤火虫的光苦读。

这两个故事都说明了，如果想要提升自己，跨越一个标准差，需要付出比别人多几倍的努力才行。

除了成绩，孩子们生病抽血的化验单，不论是白细胞，还是血红蛋白，都有个区间。超出这个区间就会有向上或者向下的箭头。

这个区间也是统计了大量同龄小朋友的数据后得到的。

人的血象、血压、肺活量……都是呈正态分布的。

血常规分析报告单示意图

项目	全称	结果	单位	参考值
WBC	HR 白细胞数	10.1	10^9/L	5—12
RBC	HR 红细胞数	5.97↑	10^12/L	3.5—5
HGB	HR 血红蛋白含量	113↓	g/L	120—140

血压水平分类表

类别	收缩压（mmHg）	舒张压（mmHg）
理想血压	<120	<80
正常高值	120–139	80–89
高血压	≥ 140	≥ 90
轻度高血压	140–159	90–99
中度高血压	160–179	100–109
重度高血压	≥ 180	≥ 110

孩子们的课桌椅高度、楼房的层高、房门的高度等，都是根据正态分布来设计的，适合绝大多数人使用。

正态分布一般没有极端情况，比如身高 3 米的学生，所以在设计书桌高度时，也不用考虑身高 3 米的人能不能使用。

但并不是所有事物都是呈正态分布的，也有一些极端情况，那么有极端情况出现的又是什么模型呢？

幂律分布模型

人的身高、体重等呈正态分布，没有极端情况，但图书的销量、财富的分配等存在极端情况。比如畅销书《哈利·波特》全球销量约5亿册，而一本普通的小学生文学读物，虽然内容也不错，但因为各种原因，销量只有5000册。

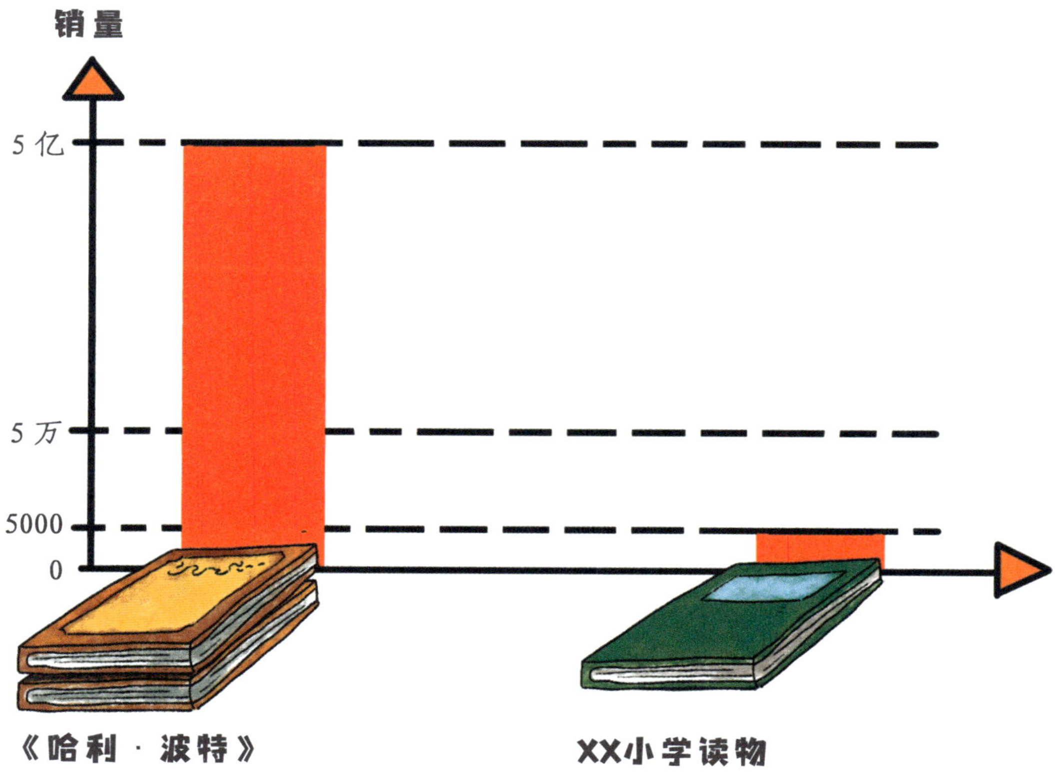

80%的书可能销量只有几千册，几种畅销书的销量却占据图书总销量的80%①。某本书销量高得让你咋舌，而某些书销量少得也令你难以置信。

①这也是常说的“二八定律”，仅有20%的变因却操纵着80%的局面。

这种数据用图形表示，就不再是倒钟形状了，而呈长尾形或者尖刀形。畅销的头部书的销量遥遥领先。

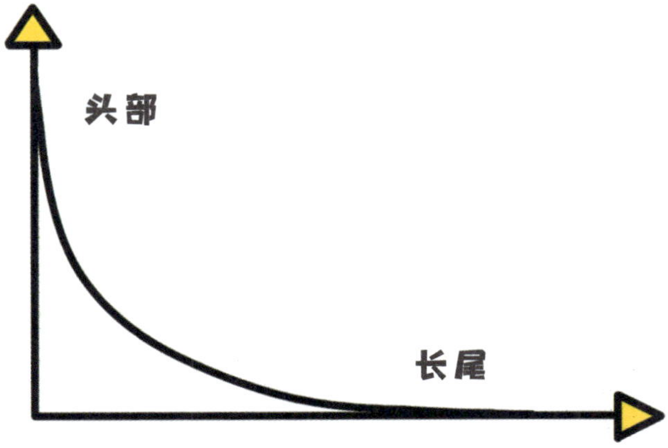

这种呈长尾形的分布模型，称为幂律分布（也可称为长尾分布），这种分布是趋向极端的，个别的极为突出，大部分平平无奇。

TIPS：马太效应

马太效应与幂律分布相似。马太效应是什么呢？简单地说，就是优势往往会产生更多优势。

它出自《马太福音》："凡有的，还要加给他，让他有余；凡没有的，连他所有的也要拿去。"

马太效应也是向两极发展，而不是正态分布那样由中部均衡分散开，大部分集中在中部。

幂律分布之优先链接

班级里分兴趣小组，第一位同学创建了乐高搭建小组。第二位同学有一半几率加入乐高搭建小组，一半几率自己再创建个阅读小组。前十名参与兴趣小组的同学可能有七个加入了乐高搭建小组，有两个加入了阅读小组，最后有一个创建了绘画小组。

那后面再加入的同学呢？出于从众心理或马太效应，可能大部分会加入乐高搭建小组。

再比如小朋友们投票选班干部，如果三名候选人，第一名一直遥遥领先，那后面的小朋友出于马太效应，可能也会直接投票数多的人了。

还有买课外书，小朋友见大家都在看某类书，就会要求家长也买，这样本来销量不错的书，会销量更高。而一开始就不被关注的书销量就会更差。

从幂律分布看，如某书的畅销、某歌手或者明星的爆火，都是少数的“大事件”，可能有着一点运气成分。那种大火爆的出现是偶然的，最火爆（或者说销量最好）的也不一定是最好的。

幂律分布之临界值

图书销量、班干部投票等都属于幂律分布中的“优先链接”，即已经占据优势的，TA 的优势能让 TA 获得更多的优势，从而优势越来越明显，走向某个极端。

还有一种呈幂律分布的是雪崩、地震、火灾等灾难性事件。

比如，大部分的地震是二三级的，可能我们人类根本没什么感觉。但也有极个别时候会发生七级或者更极端的九级地震。
九级地震就是极端事件，这种级别的地震不但会将地面的建筑夷为平地，连该地区的地形地貌也会改变。从模型上计算，九级地震发生的可能性只有百万分之一，在一个世纪内，9 级地震发生的概率为 3.5%。

幂律分布模型虽然没办法预测地震，但可以告诉我们各种强度的地震发生的可能性有多大。我们知道会发生多大的地震，虽然不知道什么时候发生。

分析幂律分布模型，还能算出临界值。比如雪崩，刚开始雪量增多、增多……直到某个临界值到了，哪怕只是又落下了一片雪花，都可能造成大规模雪崩，类似于压倒骆驼的最后一根稻草。

了解了临界值，我们可以提前做准备。比如预测到某地的雪量将要达到临界值，可以封闭该区域，不再让游客进入。

遵循幂律分布的还有森林火灾、交通拥堵等。
森林密度太大，超过临界值，会导致很难扑灭的大火灾。知道了这种现象，我们可以适当降低森林植被的密度，防止超大火灾的发生。

森林密度小

森林密度大

路面上的车辆过多，超过临界值，会导致道路极度拥堵，让马路变成停车场。所以有的城市会制定摇号、限号等措施，以控制路面上车辆的数量。

种植课上，老师讲到了种植玉米时的间距问题，嘟嘟一下子就联想到临界值的知识。

在玉米种植问题上，如果玉米之间的距离太近，一块地虽然种的玉米更多了，但产量却变少了。因为密度超过临界值，结出来的玉米又小又少，所以产量会下跌。

如果没有人为的减产、天灾，玉米的产量是呈正态分布的，一块地（或者玉米的亩产量）每年的产量差不多，有上下浮动，但浮动不大。

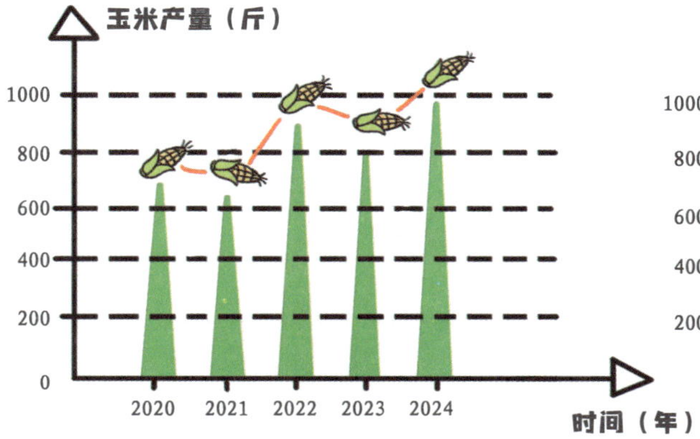

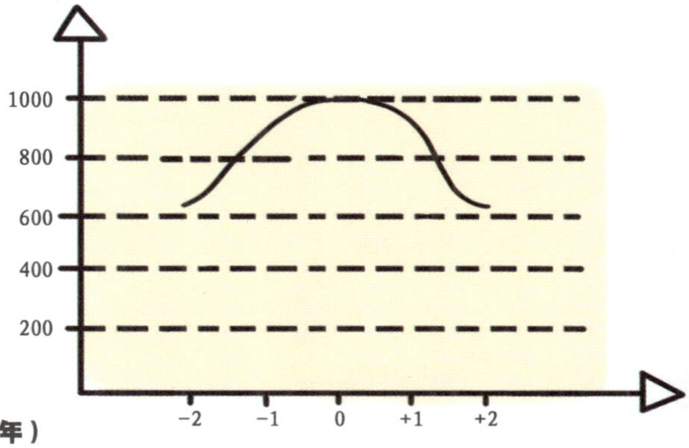

小朋友生活中还遇到过哪些事情与正态分布或者幂律分布有关呢？可以和家长一起聊一聊。

名著中看幂律分布

《红楼梦》中，男主角贾宝玉所在的贾家曾经盛极一时，他们家族占了京城中的一条街，是财富分配中极端富有的一方。

许多穷苦人家的孩子因为家境贫寒，被卖进了贾府当丫鬟、仆人。

但是，运势也会有临界值。当贾府到达鼎盛时（元春省亲），也就开始走向衰败了。最终没过多少年，便盛极而衰。

类似这种例子还有很多，“居安思危”“骄兵必败”等成语也有类似的意思。

扩散模型

前两年，小朋友们之间有一首流行歌曲，名字是《孤勇者》。这首歌当时大家几乎都会哼唱。
这样一首歌曲，它是从少数人喜欢，逐渐流行到大街小巷，人人哼唱，最后又渐渐淡出了人们的视野。

这种“兴起→流行→淡出”的模型，称为扩散模型。
流行的歌、流行的玩具，乃至流行的传染类疾病（如流感、手足口病等），都属于扩散模型。

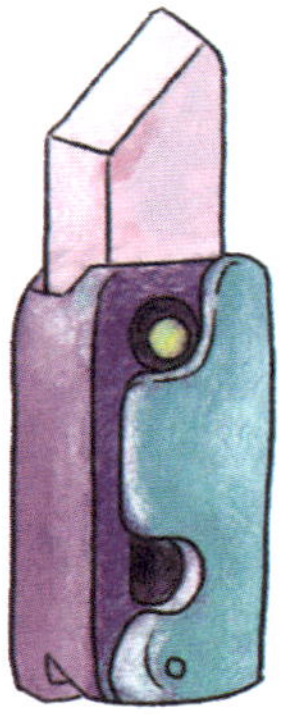

收集大量数据，并运用数学知识分析后，扩散模型的传播过程是这样的：

早期，使用者（或者了解者）少，进展速度慢；

当使用者增加至受众总人数的 10%—25% 时，进展速度变快，曲线迅速上升并在一段时间内保持了这种快速上升的趋势。

接近饱和点时，进展减缓。

扩散模型的曲线呈 S 形，如下：

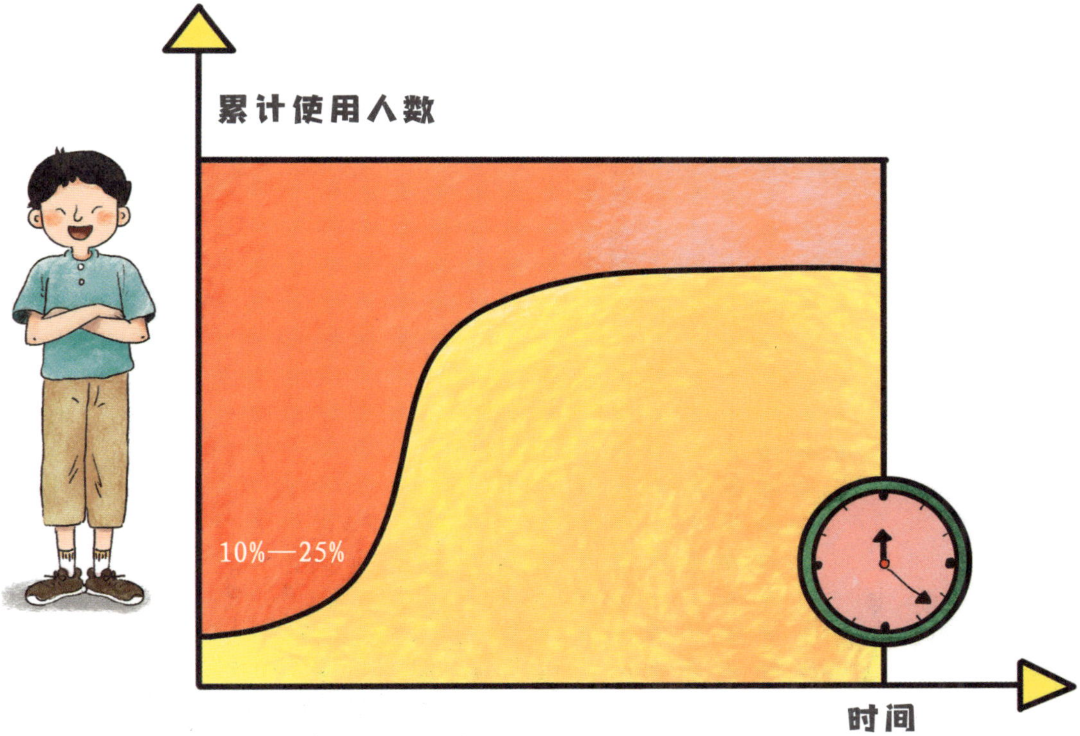

扩散模型示意图

古时候，给人们带去巨大灾难的瘟疫就是这种扩散模型。

开始时只有少数人感染。
后来随着“超级传播者”的出现，感染的人迅速增多。

我们接种疫苗也是如此。如果只有少数人接种，并不能达到预防传染性疾病的效果。当疫苗接种者迅速增多，大部分人都接种了疫苗，基本就达到了“群体免疫”的效果。这时即使有个别人没有接种疫苗，也不会对疾病预防造成什么大范围的影响了。

了解这些模型，可以让我们看明白某些社会层面的操作。比如：为什么孩子们从小就要接种各种疫苗？为什么会有“超级传播者”？什么是群体免疫等。

知道了扩散模型，也可以帮助我们了解为什么某一首歌曲、某一部动画片会红极一时，然后慢慢被其他新出现的作品代替。

过气的歌手生活不再鲜亮。

而一个人如果想保持高水平，就要在原有的基础上不断进步，不断出新。

随机游走模型

一只苍蝇在屋子里乱飞乱撞，它的飞行轨迹有什么规律吗？

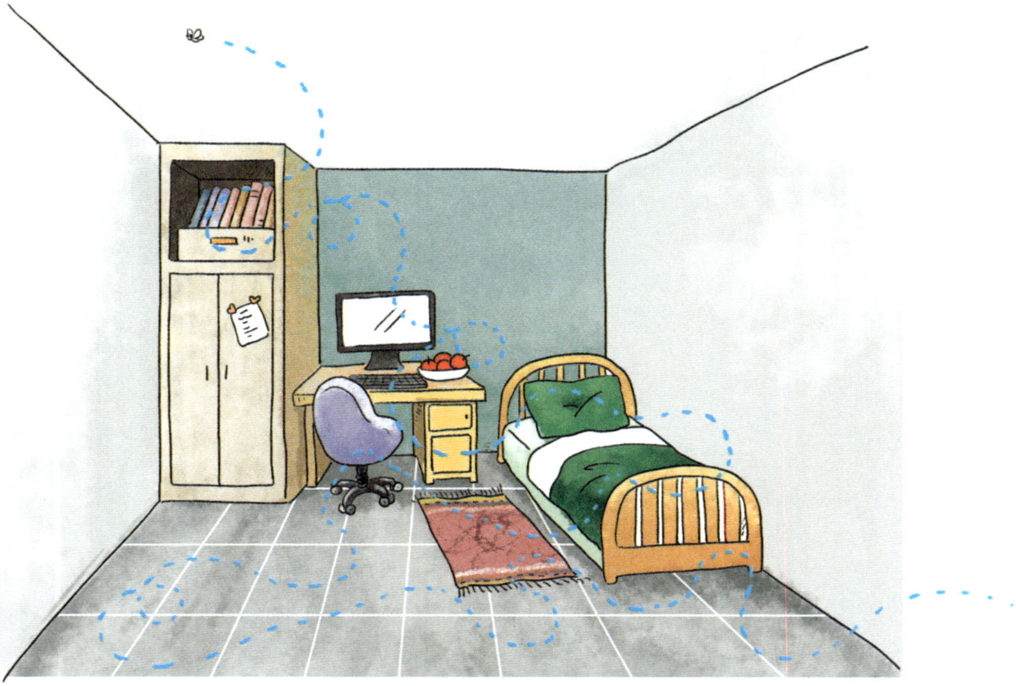

一个喝得大醉的酒鬼，走路摇摇晃晃，他的摇晃有什么规律吗？

以上两种情况，其实是没有什么规律的事情。这种没有规律的模型叫随机游走模型。

唉，这愁人的股市啊。

跟你说别炒股，买点低收益理财，你就是不听。

难道这就是传说中的随机游走模型？

股票的价格走势就是一种随机游走模型，这种模型由一连串的轨迹组成，每一处游走的轨迹都是随机的。

随机游走模型的走势图是无规律波动的。

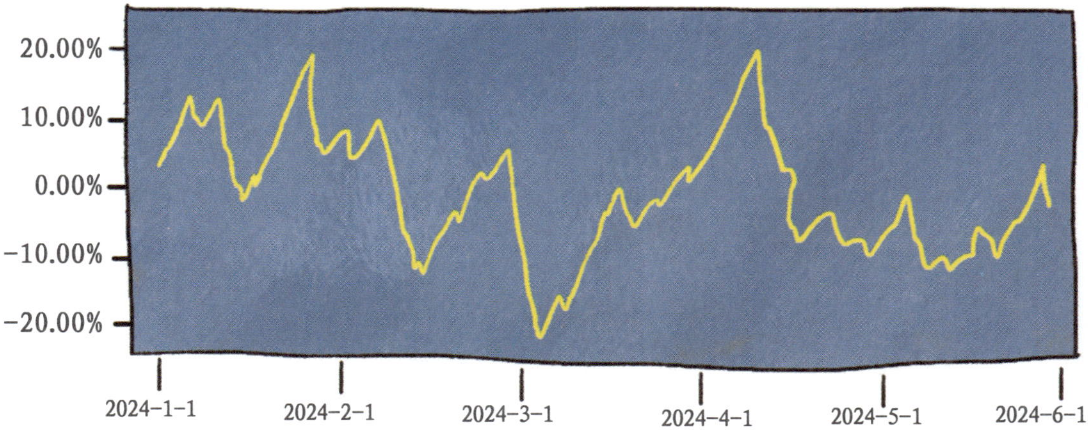

XX 基金近半年业绩走势示意图

如果有大量资金恶意操纵股市，让股市按照自己的意愿拉高，然后抛售，这是违反市场规律的，也是违法行为，不算在随机游走模型中。

以前，嘟嘟的妈妈喜欢投资黄金，她观察了一阵子虚拟黄金的走势，发现大的节日（如春节、中秋）期间黄金需求量增大，价格会高一点。于是她决定在当年的七八月份买进，春节前卖出。

约半年后。

随机游走模型没有什么规律。但有一个现象被称作“一月效应”，就是当人们都发现某金融产品在一月份会涨的时候，于是都在此之前买入，因此便抬高了价格，再到一月份时，价格反而跌了。

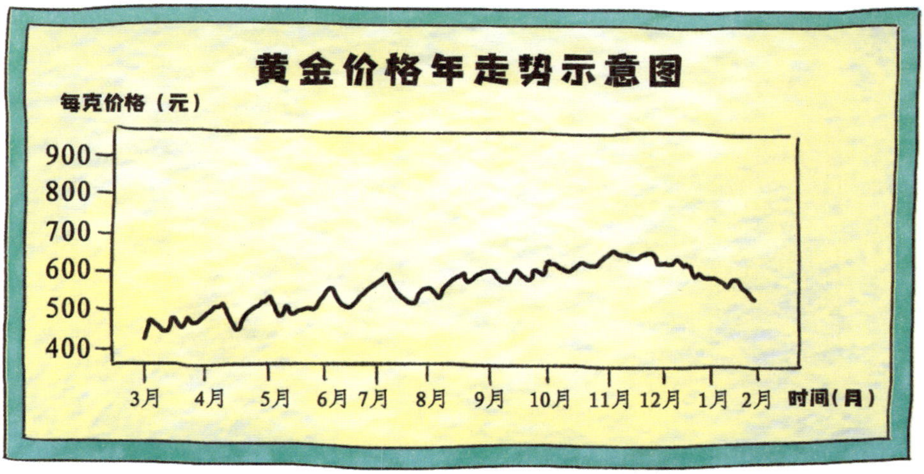

嘟嘟妈妈投资失败之后，就再没买黄金了，可没想到，这两年黄金价格竟居高不下了。投资时，你永远不知道那条曲线会拐向哪里。

除了股市、基金等金融投资的价格走势外，我们抛硬币时字和花出现的频率，打扑克时输赢的频率，踢球时进球与丢球的频率，都是随机游走的。

了解随机游走模型，分辨复杂事物到底是有某种趋势，还是随机的，能避免让自己陷入某种境地而无法自拔。比如投资股票的散户。

想依靠随机游走模型的事物盈利，多半是凭借好运气。但这种几率微乎其微。靠努力耕耘的收获，才是真真切切的收获。

成语故事中的模型

有个成语故事是《守株待兔》。

这个故事我们基本都读过：一只兔子撞在树上死了，农民捡到这只兔子后，觉得以后不用种地了，只等着撞过来的兔子就行了。然后，他再也没有等到兔子，而他的地都荒芜了。

（原文：《韩非子·五蠹》：宋人有耕者。田中有株。兔走触株，折颈而死。因释其耒而守株，冀复得兔。兔不可复得，而身为宋国笑。）

想一想前面的正态分布模型、幂律分布模型、扩散模型、随机游走模型，兔子撞树这种情况属于哪个模型呢？

兔子在慌乱之下，并没有想跑向哪里，也并没有找准方向，向着目标跑。所以，兔子跑出来的轨迹是随机的。对于兔子来说，路线的选择属于随机游走模型。

随机的事件，我们不可控，出现意外的可能会增大。所以，我们要把精力放在可控的事情上。比如，只要努力学习，就能多学到知识，自己学多学少是可控的。但最终能不能成为成功人士，不可控的因素有很多，不要过于执着于成功。

捡到撞树的兔子是概率极小的事件，属于幂律分布中的“大事件”，跟发生七级或者九级地震的概率差不多。对于农夫来说，这属于幂律分布模型。

如果想复制“捡到撞树的兔子”这种不劳而获的小概率事件，只能在等待中慢慢饿死哟。

兔子撞树与买彩票中大奖很相似，都是幂律分布中的“大事件”。“大事件”在故事中有很多，比如《三国演义》中著名的上方谷之战。诸葛亮善于谋略，设了一个计谋，将司马懿困在了上方谷，并提前备下干柴、火油等引燃物，本来以为这次能彻底打败司马懿。但此时天空突降大雨，熊熊火势被大雨浇熄了。恰在那一时刻能下大雨也是小概率事件，这就是司马懿的运气，无关智商、能力和努力程度。

信号模型

朵朵背着一个很高级的书包，引来羡慕的目光。

背了很贵的书包，传递出了“我家很富有”的信号。

米诺考试成绩第一名，得到了奖状。

考试成绩好，传递出了“我学习好”的信号。

成成在小学乙组 25 公斤级跆拳道比赛中获得了区第一名。

赢了跆拳道比赛，传递出了“我身体强壮、动作灵活”等信号。

人们能从某些行为中看到它传递出的信号，有些人为了传递出某种信号，会极力表现，哪怕因此付出很高的成本。

这是因为虽然传递出某些信号需要付出成本，但因此可能获得更多的收益。

我们在各个地方看到的广告，就是一种信号。打广告的商家通过各种宣传广告向大家传递出“我们的产品很好”的信号，更多人知道了这种产品，购买的可能性也就增加了。

某些动物的身体特征也有信号成本。

公鹿的角很漂亮，但奔跑时可能被树枝挂住，影响逃命，为什么还没退化掉呢？因为漂亮的鹿角能帮助它繁育后代。

除了公鹿的角，孔雀的尾羽、雄狮的鬃毛等，都有这种传递信号的作用。

名著中的信号模型

《西游记》中，石猴长相不好，凹脸尖嘴，一脸毛（毛脸雷公），身高也就一米三左右（身不满四尺）。为了显示自己的威风，他先给自己起了很有气势的名字“齐天大圣”“美猴王”，又给自己找来一件很有来历的兵器“如意金箍棒”，同时，在穿戴上也很张扬，头上有长长的凤翅紫金冠（身穿金甲亮堂堂，头戴金冠光映映）。石猴孙悟空的穿戴、自封的称号，都是他有意向外传递的信号。

我们要学会节省信号成本，去掉无效的信号成本。

小朋友的主要任务是学习，书包、笔等文具实用就好。如果追求样式，攀比谁的更贵，就属于无效的信号成本了。

AI 大模型

无论是正态分布模型、幂律分布模型……还是信号模型，都是我们生活中常常见到的。这些模型的数据量也就是“万”级别的。而 AI 所依托的许多大模型，比如深度神经网络模型、大语言模型，是计算机中用到的模型，是真正的大模型。它的数据量极大，是“亿”级别的。

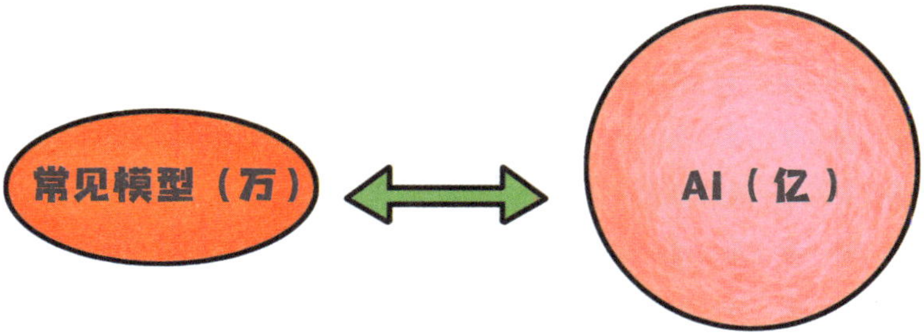

如今，经常被提及的大语言模型是怎样的呢？

AI 的大语言模型，简单地说是计算机通过“学习”图书馆及网上的上亿级别的内容（数据），慢慢“长大”，掌握了我们人类说话、写作规则的深度学习模型。

当我们向它提出一个问题，它先通过搜索关键词找到许多相关信息，然后用它自己的“语言魔法”整理信息，变成一个符合我们阅读习惯的答案。

它并不是真正地“想出”答案，而是“猜测”我们想要什么，用学到的语言规则拼出我们最想要的答案。

模型无处不在

如今，数据量激增，生活中处处涉及大数据。

如何让庞杂的数据告诉我们信息，又如何将信息提炼成知识，转变成自己的智慧？这就需要形成自己的思维体系，即模型思维、多模型思维。

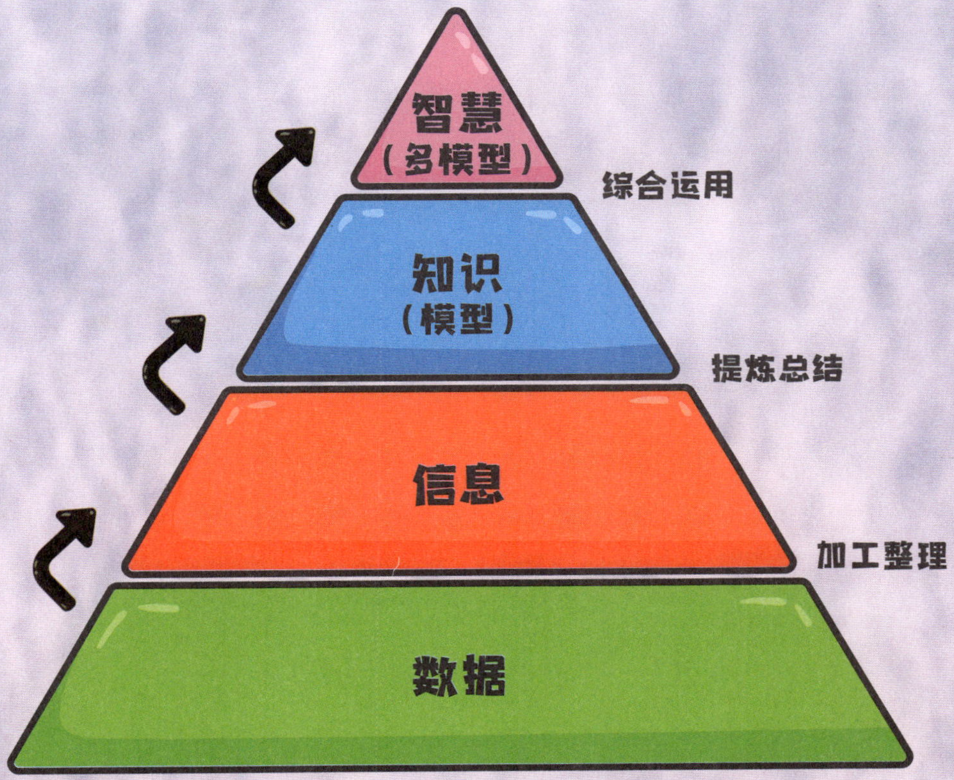

模型是一门思维艺术，能够帮我们更好地利用信息，预测走势，理解这个世界。当今社会，信息量激增，信息无处不在。未来，模型就是知识，模型无处不在。

图书在版编目(CIP)数据

AI 时代的学习力 : 用模型看世界. 模型无处不在 / 真果果主编 ; 羡晓倩著 ; 白开水绘. -- 北京 : 海豚出版社, 2025.6. -- ISBN 978-7-5110-7393-8

Ⅰ. G442-49; B804-49

中国国家版本馆 CIP 数据核字第 2025L2T427 号

出 版 人：王　磊

责任编辑：杨文建　白　云
封面设计：赵　阳
排版设计：赵　阳
责任印制：于浩杰　蔡　丽
法律顾问：北京市君泽君律师事务所　马慧娟　刘爱珍

出　　版：海豚出版社
地　　址：北京市西城区百万庄大街 24 号　邮编：100037
电　　话：010－68996147（总编室）　010－84645083（销售）
传　　真：010－68996147
印　　刷：朗翔印刷（天津）有限公司
经　　销：全国新华书店及各大网络书店
开　　本：16 开（710 mm × 1000 mm）
印　　张：16
字　　数：100 千字
印　　数：1－6000
版　　次：2025 年 6 月第 1 版　2025 年 6 月第 1 次印刷
标准书号：ISBN 978－7－5110－7393－8
定　　价：100.00 元（全 4 册）

本书二维码自版权页所标注印刷之日起三年内有效。

AI时代的学习力

用模型看世界

高效学习模型

真果果◎主编
羡晓倩◎著　白开水◎绘

海豚出版社
DOLPHIN BOOKS
CICG 中国国际传播集团

孩子专注力差，
学习困难，
习惯也不好，
……
这么多问题怎么办呢？
也许，
这些模型可以帮助到你。

前言

AI（人工智能）、大数据、机器人、无人驾驶、大语言模型……大量与新科技有关的词汇闯入我们的生活，人类即将进入 AI 时代。

数据是 AI 的“血液”或“燃料”，它推动 AI 的发展。

如今，数据比比皆是。

面对这些，人类的思考方式是否需要随之转变？怎样转变？

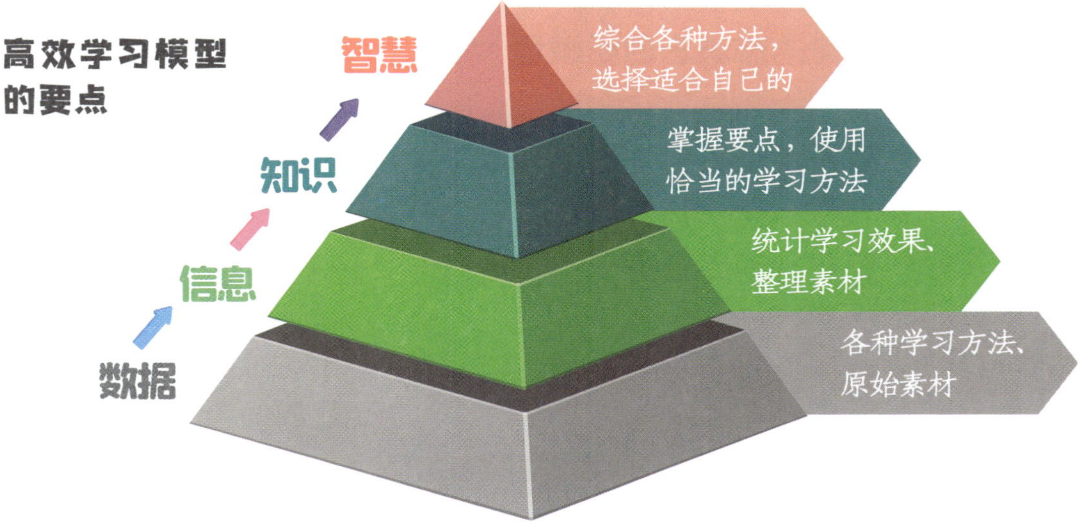

模型思维是什么？模型思维是一种基于数据的思维方式，也是一种观察世界的方法。模型思维帮助你理解数据，用数据解决问题、预测未来。

模型思维让数据说话，所以，它更理性，也更具逻辑性。

对孩子来说，学习用模型思维来思考问题，可以让他们做事更有条理、 更有效率，能够拥有更强的思考力。

小朋友无论遇到哪类问题，都可以用这种方式来思考并找到解决办法。

目录

粗心闹笑话

嘟嘟在展厅里看见一幅字画，他看着字画有点迟疑地按从左向右的顺序念了出来：“杜甫能动。”

还有一次，嘟嘟和妈妈出去，在路上看到洗车的地方，墙上有几个字“洗车打蜡”，他又脱口而出“洗车打醋”。

嘟嘟的粗心好像是天生的，各种马虎，导致他读数学题时，经常会落个关键字，然后结果就错了。

让你求的是什么？用手指着，一个字、一个字地读。

粗心马虎的小朋友，可以多做一些专注力方面的练习，养成检查作业的习惯。如果还有其他异常表现，可以寻求医生的帮助。

成绩不好怎么办？

嘟嘟的粗心真的挺让人头疼的。自从用了时间管理模型，虽然作业完成的速度提升了，但成绩依然有些惨不忍睹。

成绩不理想，一部分是粗心马虎造成的，一部分是学习习惯造成的，比如课后不复习。

那么多没掌握的知识点，来，妈妈先陪你复习一下吧。

我们机器人从来不会犯你那样的错误。
是，你们一出就是大错误，比如被黑了，程序错乱把我们家拆了。

这天儿没办法聊下去了。

艾宾浩斯遗忘曲线模型

在建立自己的模型之前，我们先介绍几个与学习有关的经典模型，第一个就是知名的艾宾浩斯遗忘曲线模型。

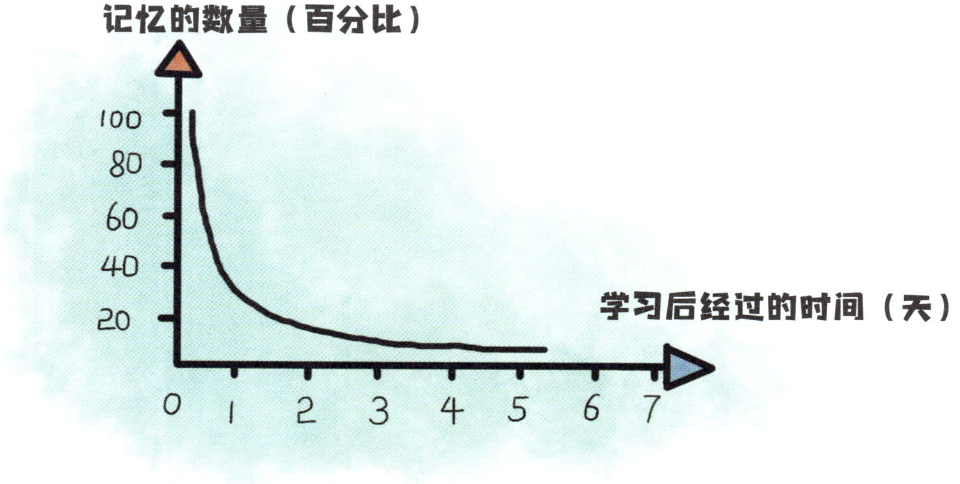

无论是大人，还是小孩；无论是天才，还是傻瓜；无论是国家元首，还是路边的乞丐……所有人都会忘记一些事情。人都会有遗忘。

嘟嘟前两天会写的字，过两天可能又忘了。

所有人都会遗忘，奶奶会忘事情，妈妈也会忘记一些事情，学生会忘，老师也会忘。这些都属于关于人类记忆的数据。

数据是建起一个模型的第一步，是基础。

那记忆的时效是多久呢？把许多人的遗忘实验数据归类总结一下：

记一个电话号码，说过之后不再重复记忆可能几秒就忘掉了。大部分人都会很快忘记。

短时记忆

记一首诗，上午记住了，中间不回忆的话，大部分同学可能下午就又忘了。

中期记忆

学会了轮滑，几年没有滑，大部分人可能都还记得怎样滑。

根据记忆的不同类型，我们把它分为了短时记忆、中期记忆、长期记忆。

将数据进行分类，提炼出可供使用的信息，这是建起一个模型的第二步。

人的记忆有时效，所以，中国古人总结出了“学而时习之”“温故而知新”等名句。这些也是一种学习上的模型。学习之后，要及时复习。温习旧知识，然后再学新知识。预习、学习、复习，预习、学习、复习……这是大多数老师在教学时应用的模型。

预习 12 课，做 11 课的练习册。
今天的作业都有什么啊？

周末了，我要把前一周学的内容都复习一遍，把下一周要学的预习一下。
好孩子，你真棒，将来一定能考上大学。

复习很重要，究竟是当天复习，还是一周进行一次复习，抑或是一个月进行一次复习呢？心理学家针对人的遗忘曲线，制作了精确的复习模型。

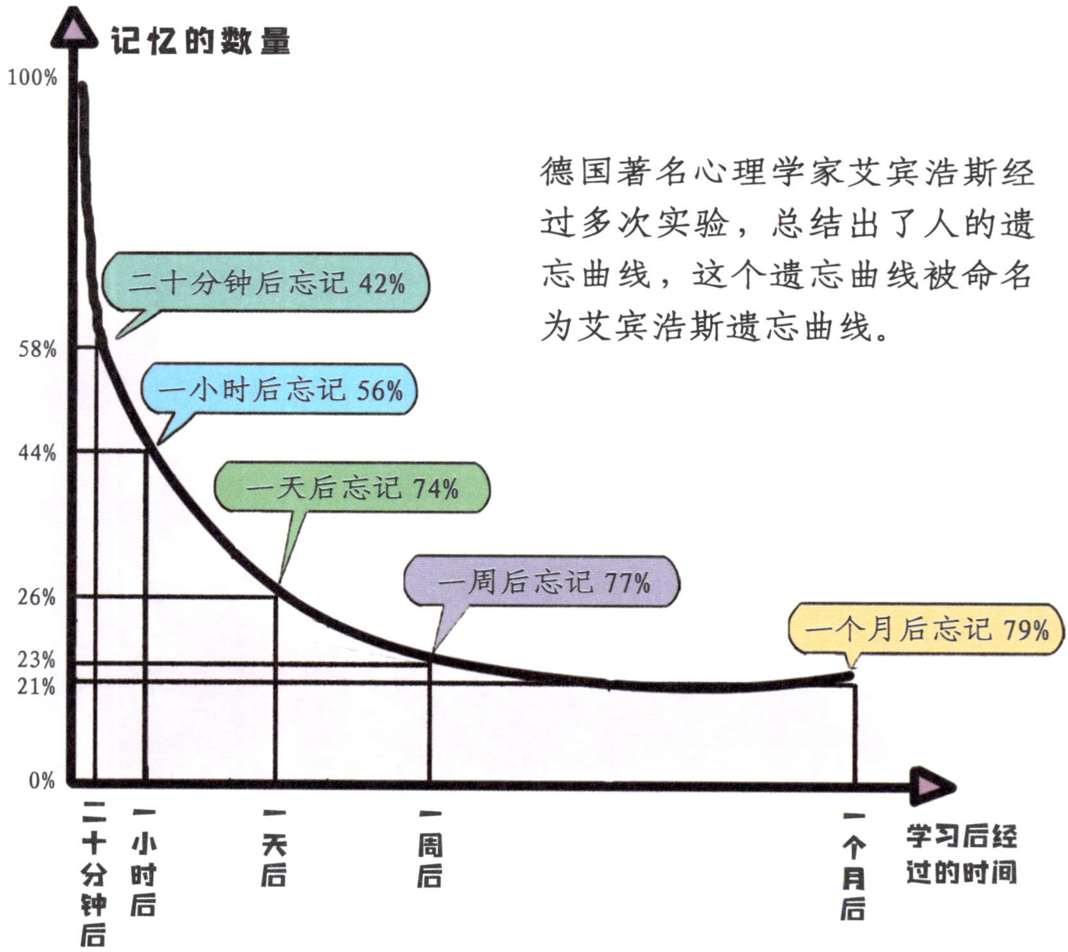

德国著名心理学家艾宾浩斯经过多次实验，总结出了人的遗忘曲线，这个遗忘曲线被命名为艾宾浩斯遗忘曲线。

根据艾宾浩斯的研究，人们学到的知识，在第一个小时里记忆损失得非常快；此后损失的逐渐减慢，在 9 个小时后，会有约 60% 的内容被遗忘；24 小时后，约只剩原来的 25%—33%。为防止遗忘，参照遗忘曲线采用周期记忆法，对所学知识进行周期性重复记忆，就能大大降低遗忘率。

学会的东西又忘了，出现这样的遗忘是正常的，大家都会遗忘，及时复习是关键。

根据遗忘曲线，我们可以按日期列出一个背诵清单。比如糖糖记英语的背诵清单如下：

英语复习计划表

序号	学习日期	学习内容
1	10月8日	① healthy、change、soup、clever
2	10月9日	
3	10月11日	
4	10月12日	
5	10月13日	
6	月 日	
7	月 日	
8	月 日	
9	月 日	
10	月 日	
11	月 日	
12	月 日	
13	月 日	
14	月 日	
15	月 日	
16	月 日	
17	月 日	
18	月 日	
19	月 日	

这种复习模型能更好地帮助孩子记唐诗或者记字、记单词。

按模型中的时间点及时复习，这样短期或者中期记忆就转为了长期记忆，考试时就不会写不出了。

按表格复习记忆内容后，能让短期记忆转为长期记忆。

短期记忆复习周期			长期记忆复习周期（复习后打钩）							
5分钟	30分钟	12小时	1天	2天	4天	7天	15天	1个月	3个月	6个月
①	①√	①√	—	—	—	—	—	—	—	—
2	2√	2√	①√	—	—	—	—	—	—	—
3	3√	3√	2√	①√	—	—	—	—	—	—
4	4	4	3	2	—	—	—	—	—	—
5	5	5	4	3	①	—	—	—	—	—
6	6	6	5	4	2	—	—	—	—	—
7	7	7	6	5	3	—	—	—	—	—
8	8	8	7	6	4	①	—	—	—	—
9	9	9	8	7	5	2	—	—	—	—
10	10	10	9	8	6	3	—	—	—	—
11	11	11	10	9	7	4	—	—	—	—
12	12	12	11	10	8	5	—	—	—	—
13	13	13	12	11	9	6	—	—	—	—
14	14	14	13	12	10	7	—	—	—	—
15	15	15	14	13	11	8	—	—	—	—
16	16	16	15	14	12	9	①	—	—	—
17	17	17	16	15	13	10	2	—	—	—
18	18	18	17	16	14	11	3	—	—	—
19	19	19	18	17	15	12	4	—	—	—

保护孩子的专注力

马马虎虎，经常犯一些很低级的错误，这是专注力不太好的表现。

父母在日常生活中要注意保护孩子的专注力。下面这几种情形会破坏孩子的专注力哟。

孩子专注于一件事情时，家长不要用喝水、吃饭等事情打扰孩子的专注力。

现在物质条件丰富，各种玩具、电子游戏充斥在孩子的生活中，父母尤其要注意保护孩子的专注力。

专注力训练模型

孩子的专注力不好，可以进行一些简单的训练来培养专注力。比如舒尔特专注力训练。

舒尔特方格：在一张方形卡片上画出五行五列1厘米×厘米的方格，共25个格子。将1—25个数字打乱顺序后任意填到格子中。

15	12	3	9	20
10	17	14	25	2
5	8	6	16	13
23	24	4	18	19
1	22	7	21	11

然后让孩子按1—25的顺序用手指指着念出25个数字，念完25个数字的用时越短，孩子的注意力水平就越高。

如果孩子做 25 个格子的有困难，家长也可以从 9 个格子内填 1—9 开始，逐渐增加难度，变为 16 个格子、25 个格子。

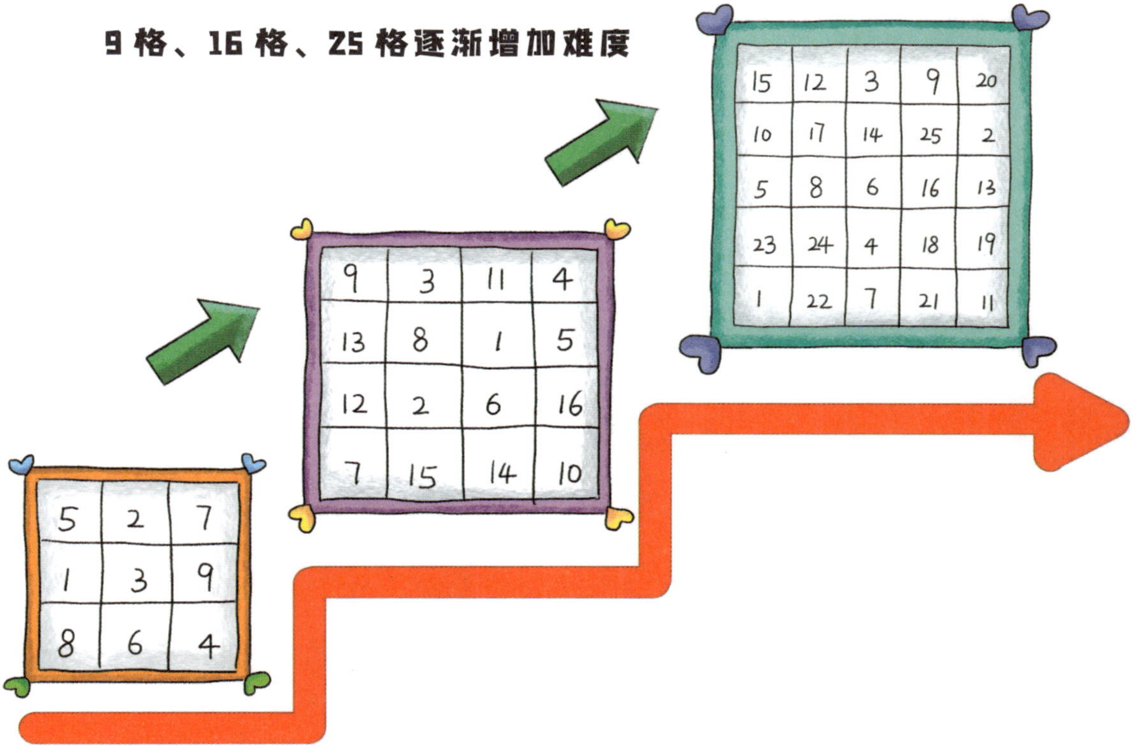

TIPS

7—12 岁年龄组

统计显示，孩子完成一组训练用时在 26 秒以内为优秀，用时 27—42 秒属于中等水平，用时 50 秒左右的话可能专注力有些问题，同时孩子的考试会出现不及格现象。

18 岁以上成年人组

统计显示，成人完成一组训练，最厉害的可以在 8 秒内完成，15 秒为优秀，20—25 秒为正常水平。

为了防止孩子记数字位置，舒尔特方格里的数字可随时更换。
除了打乱顺序重新填入数字，还可以打乱顺序填写从 A—Y 的25 个字母，然后按顺序指着念出这 25 个字母。

如果孩子这方面很强，还可以把 25 个格子扩展成 36 或者 49 个格子。

7	28	12	21	3	22
13	27	2	31	26	16
30	1	20	8	15	25
14	11	4	17	32	6
19	5	29	24	9	33
34	18	36	10	35	23

36 格

7	31	13	41	24	40	33
12	36	19	44	30	8	27
26	11	29	2	6	20	9
18	42	23	35	32	1	34
3	17	10	14	45	39	21
37	4	43	47	5	22	48
16	38	15	25	49	46	28

49 格

如果 7—12 岁的孩子做 25 格训练，每次都超过了 50 秒，就应该多找几种方法锻炼孩子的专注力。

主动学习与被动学习

孩子们上学时，有时在听课，有时在做练习，有时在做试卷。

上课时，有的老师善于引导孩子思考，总是提出各种问题。有的老师会请小朋友上台做题演示。

有的小朋友喜欢主
动讲给弟弟妹妹。

有的小朋友喜欢
自己动手实验。

有的小朋友喜欢在户外观察等。

这些不同的学习方式都是数据，有主动学习，有被动学习，你觉得哪种方式学得更扎实更快呢？

费曼学习法

哪种学习方式更好呢？数据统计（提取出信息）如下：

被动学习，无论是听、看、听 + 看、示范，吸收效率依次为 5%、10%、20%、30%，吸收率都比较低。

而主动学习，吸收效率最低也有 50%。

总结主动与被动学习的吸收效率，图示如下：

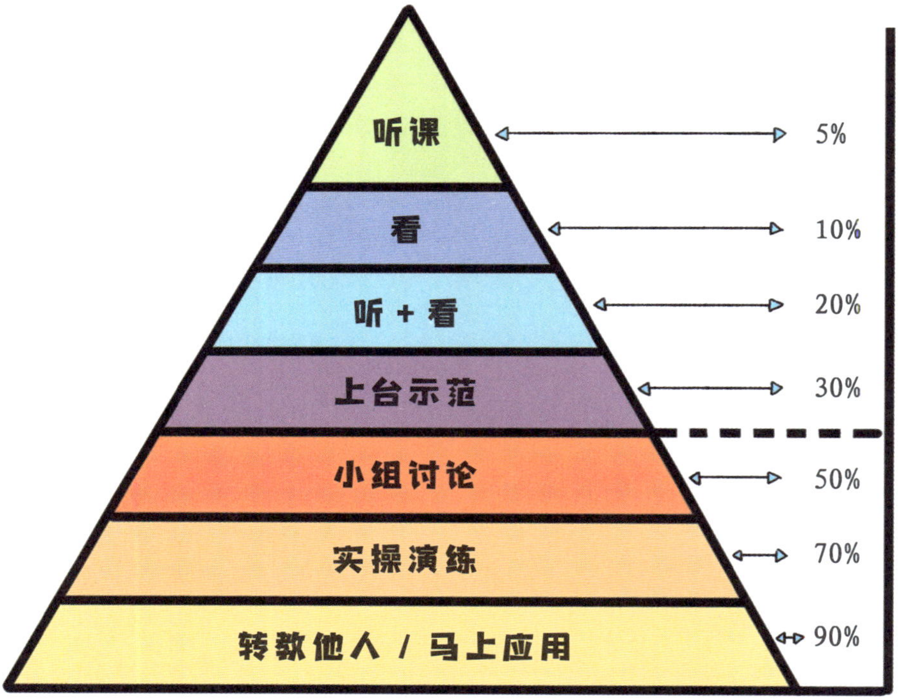

针对主动学习，诺贝尔物理学奖获得者理查德·费曼提出了一种学习模型，就是以“教”的方式学，这种“以教为学”的方式能帮助孩子提升知识的吸收效率，真正地理解知识，被公认是一种高效学习方法。

爸爸辛苦地赚钱供孩子读书上学，是为了让孩子真正掌握知识，爸爸让孩子每天给自己讲一讲白天学了什么，自己也跟着学习一下。

爸爸昨天问的那个问题，孩子不会，她今天一早就来向老师请教了。

孩子彻底听明白之后，谢过老师，
回到家后又讲给了自己的老爸。

这名同学在不知不觉间就应用了费曼学习法。费曼学习法是一种主动学习模型，要点是：

①你先了解一个知识点。

②假设你要向一个对此毫无了解的人讲清楚这个知识点，你要怎么讲？

③如果有讲不清楚的地方，你可以自己去寻找答案，问老师或者查资料，彻底弄清楚。

④最后，你能用简单、直白的语言向另一个不会的人讲明白，便真正掌握这个知识点了。

TIPS

列车上，一位农民送女儿去上大学——北京大学。三年前他还有个儿子考上了清华大学。旁边的乘客好奇地问："你是怎样教育孩子的？"

农民有些迟疑地说："也没什么，我没文化又没钱，感觉孩子读书挺费钱的，就让孩子每天放学回家把老师讲的东西跟我再讲一遍，我也学学，这样相当于一份钱教了两个人。"

孩子教爸爸的劲头特别大，有讲不清楚的地方第二天就主动去问老师，所以一直学习都很好。

其实这位农民父亲就是用了"费曼学习法"，只是他没有意识到。

这种学习模型，就是以"教"的方式逼迫自己自觉、主动地学习。

除了费曼学习法，父母也可以想想其他让孩子主动学习的办法，调动起孩子学习的积极性和主动性。
被迫学习、坐在教室里神游，很难在成绩上有大的提升。

主动学习，孩子在学习过程中充满热情、专注力高，效率自然也高。

被动学习，罚抄 50 遍也不一定能记牢哟。

西蒙学习法

另外，还有一种学习模型：西蒙学习法。

这种学习法是诺贝尔经济学奖获得者希尔伯特·西蒙教授提出的。这是一种“锥形学习法”，一个有一定基础的人，只要肯下功夫，6个月内就能掌握任何一门学问。

学习的专一性像锥子尖，集中精力持续不断地专注推进的学习方式就是西蒙学习法，这是一种尖锐猛烈、持续不断的学习方式。

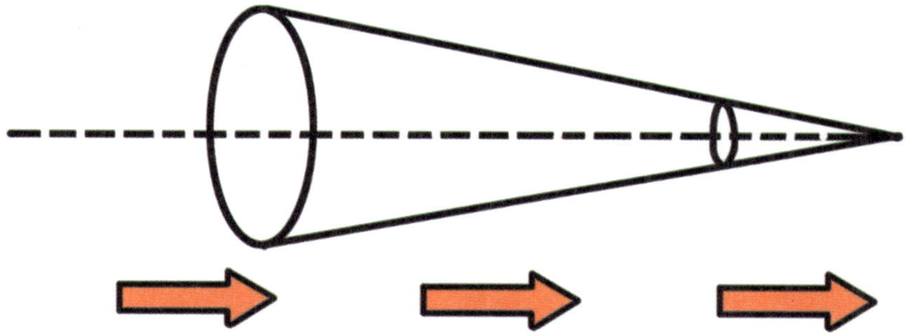

了解不同的学习模型，学会多模型思维，结合孩子的实际情况变换学习方式，找到一种或者几种适合孩子的学习方法，能有效提升孩子的学习效率。

以上这些学习模型是可以直接拿来使用的模型。小朋友如果想建立属于自己的学习模型，可以根据自己的习惯、特点，结合这些现有模型，总结出更适合自己的新模型哟。

费曼学习法的应用

学校也在尝试让孩子们运用费曼学习法学习，把每个班组成若干个学习小组，每个小组内的同学轮流当组长带着大家复习。今天轮到嘟嘟当组长了，他有一点点紧张，怕自己讲不好。

嘟嘟对自己今天的表现挺满意，回到家后，又主动和妈妈聊天。

妈妈知道费曼学习法，她看着嘟嘟写出来的题，很配合地表现出一脸疑惑的样子。

在孩子学习的过程中，为提高孩子学习的积极性，父母可以假装向孩子请教，这样更能激发孩子应用费曼学习法学习的热情。

课堂笔记

记笔记也是一种有效的学习方法，它可以帮助我们记录重点，方便复习，是把书读“薄”的一种方式。

大家记的笔记各种各样，这些各种各样的笔记也是一种原始数据。

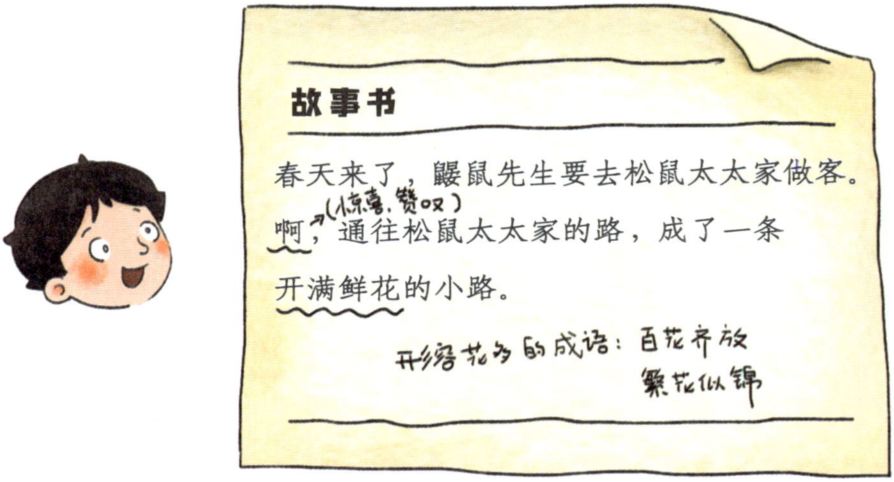

尽可能全面地搜集数据，是建立模型思维的第一步。

最有名的笔记模型：康奈尔笔记法

研究这些不同的笔记，给这些笔记分类，这是提取信息的过程。比如：

老师们的笔记更详细，也更清晰。

小孩子一般不爱记笔记，记的话也很简单，可能只有几个字。

家长的工作笔记重点突出，但不够详细，别人可能看不懂。

最厉害的是达·芬奇的笔记，详细、图文结合、有条理。

综合分析了各种笔记的优缺点，康奈尔大学教授沃尔特·波克总结发明了一种记笔记的方式——康奈尔笔记。

康奈尔笔记格式

康奈尔笔记是一种高效又实用的笔记模型。无论是孩子还是家长，都可以用这种方式来记笔记。许多“学霸”也是采用康奈尔笔记法记笔记的。

康奈尔笔记法把一页纸分成三部分来使用：

分出区域

写上课程相关信息

1. 笔记栏： 右上最大的空间，这里正常记录课堂内容，是笔记的主体。

2. 线索栏（简化）： 左边四分之一左右的空间，总结出关键词等，简化内容，便于复习。

3. 总结栏： 下方五分之一左右的空间，总结这节课的感受和想法，在总结时进一步思考，加深理解，把老师讲授的内容变成自己的知识。

比如，嘟嘟在记听课笔记。

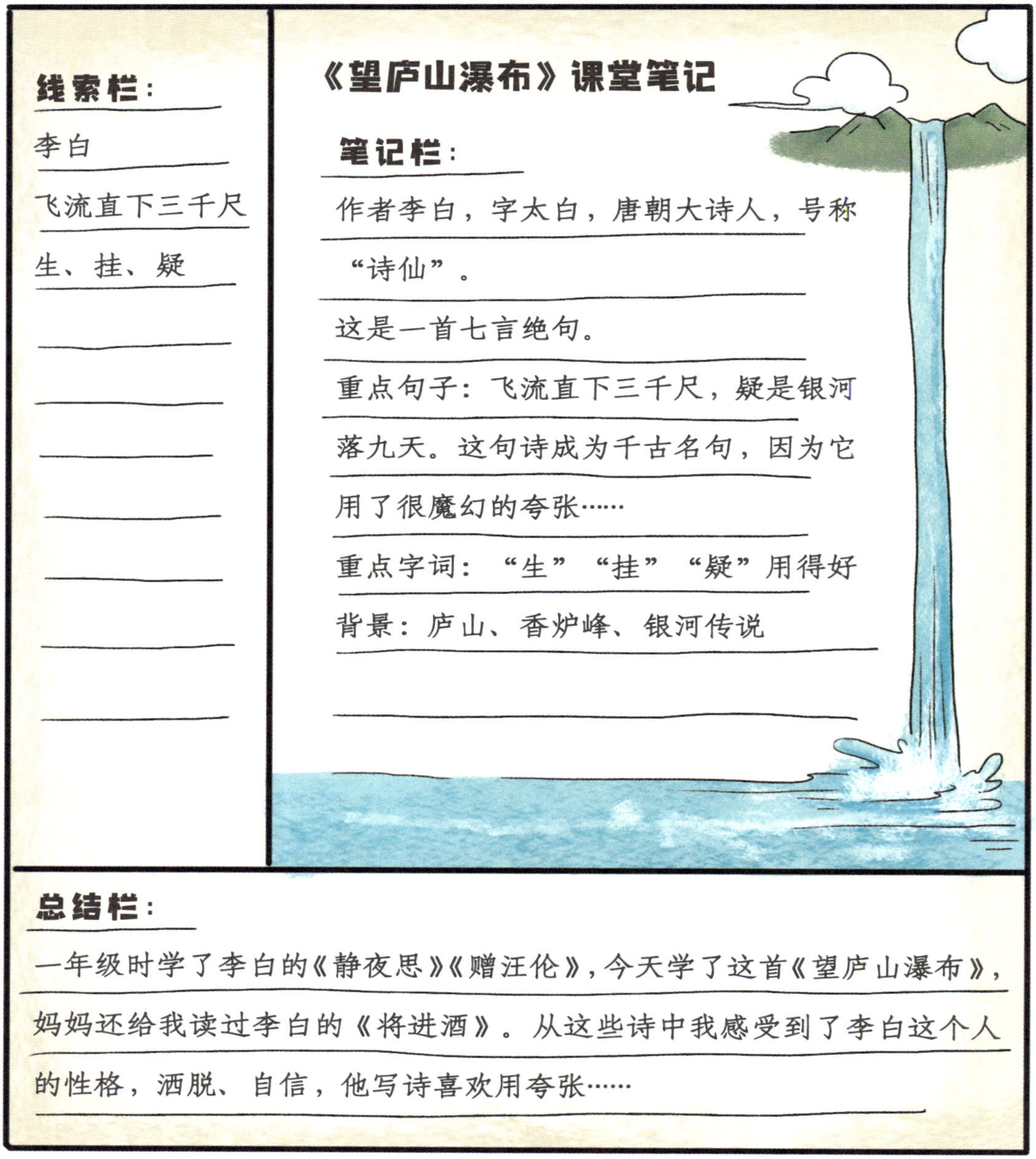

线索栏：
李白
飞流直下三千尺
生、挂、疑
《望庐山瀑布》课堂笔记
笔记栏：
作者李白，字太白，唐朝大诗人，号称“诗仙”。
这是一首七言绝句。
重点句子：飞流直下三千尺，疑是银河落九天。这句诗成为千古名句，因为它用了很魔幻的夸张……
重点字词：“生”“挂”“疑”用得好
背景：庐山、香炉峰、银河传说
总结栏：
一年级时学了李白的《静夜思》《赠汪伦》，今天学了这首《望庐山瀑布》，妈妈还给我读过李白的《将进酒》。从这些诗中我感受到了李白这个人的性格，洒脱、自信，他写诗喜欢用夸张……

当然，这叫康
奈尔笔记法。

我“扫描”了一下，你
这笔记记得不错啊。

与达·芬奇有关？

康奈尔笔记法可难不住我。而且我还知道，这个笔记法与世界著名艺术家、建筑师、工程师、发明家、数学家达·芬奇密切相关呢。

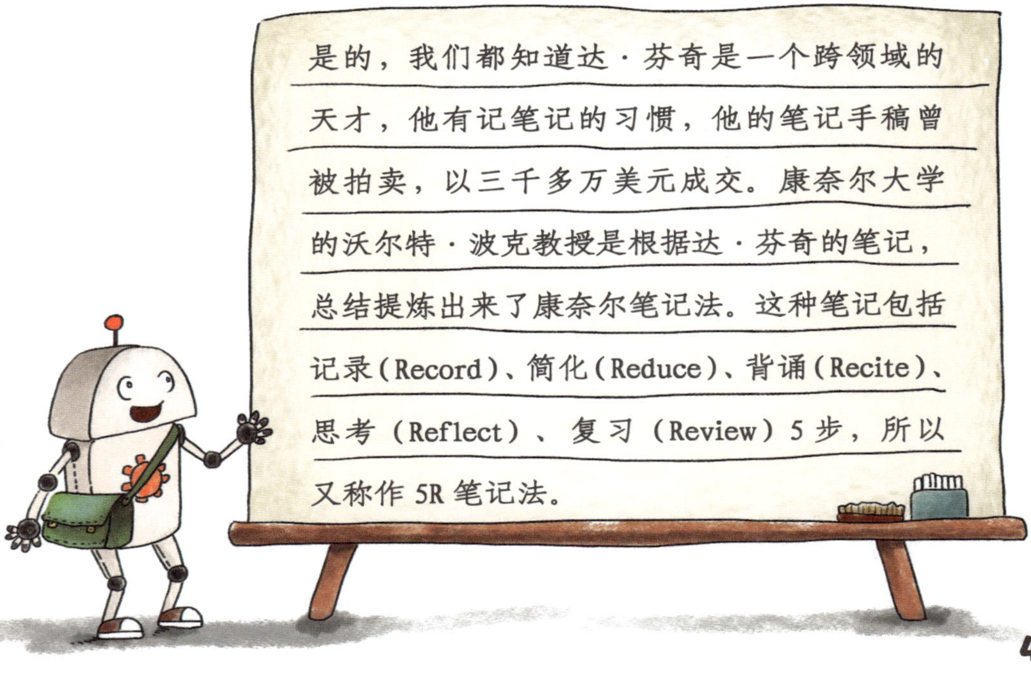

是的，我们都知道达·芬奇是一个跨领域的天才，他有记笔记的习惯，他的笔记手稿曾被拍卖，以三千多万美元成交。康奈尔大学的沃尔特·波克教授是根据达·芬奇的笔记，总结提炼出来了康奈尔笔记法。这种笔记包括记录（Record）、简化（Reduce）、背诵（Recite）、思考（Reflect）、复习（Review）5 步，所以又称作 5R 笔记法。

模型思维重在掌握思维方式

小朋友们找到了适合自己的学习方法、学习技巧固然好，但更好的是掌握思维方式。

模型思维的思维方式就是收集数据、提炼信息，然后总结出模型。

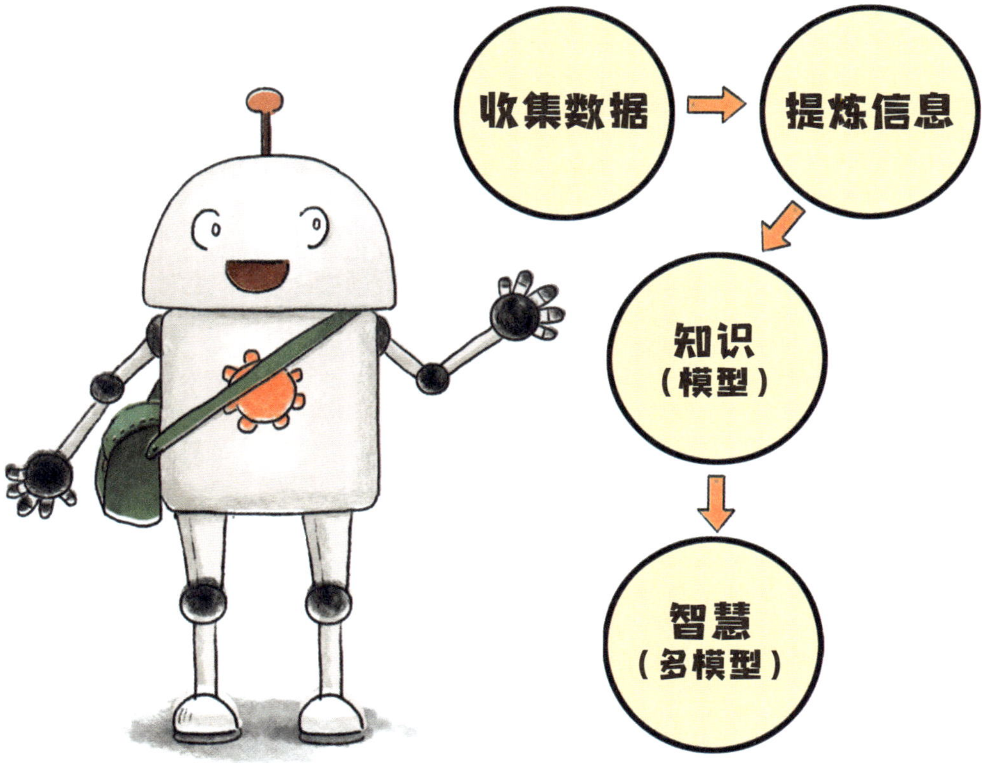

“学而不思则罔，思而不学则殆”是孔子总结的模型。与 5R 笔记法有相似之处，都是要思考，要学习。

除了运用那些已有的学习方法、学习模型，自己怎么运用这种思维方式总结出新的模型呢？

比如，糖糖的作文一直写不好，有什么写作文的模型吗？

糖糖，时间到了，作文写完了吗？
没有，作文好难写。

其实模型思维可以
运用到各个方面。
糖糖，还记得模型思维
吗？它帮你提升了写作
业的效率。
当然。

那写作文都有什么模型呢？我怎么
还不会用模型思维呢？
别着急，慢慢来。我
是大语言模型，我的
作文能力就是由各种
数据打底的。

写人作文模型

模型思维，就是先列出数据，然后归类整理成信息，根据信息提炼出不同人物的写作模型。

比如写一篇关于“熟悉的人”的作文。
写人物的素材（也就是原始数据）都有哪些呢？

关于人物的数据会涉及哪些呢？不妨把自己能想到的都先列举出来。

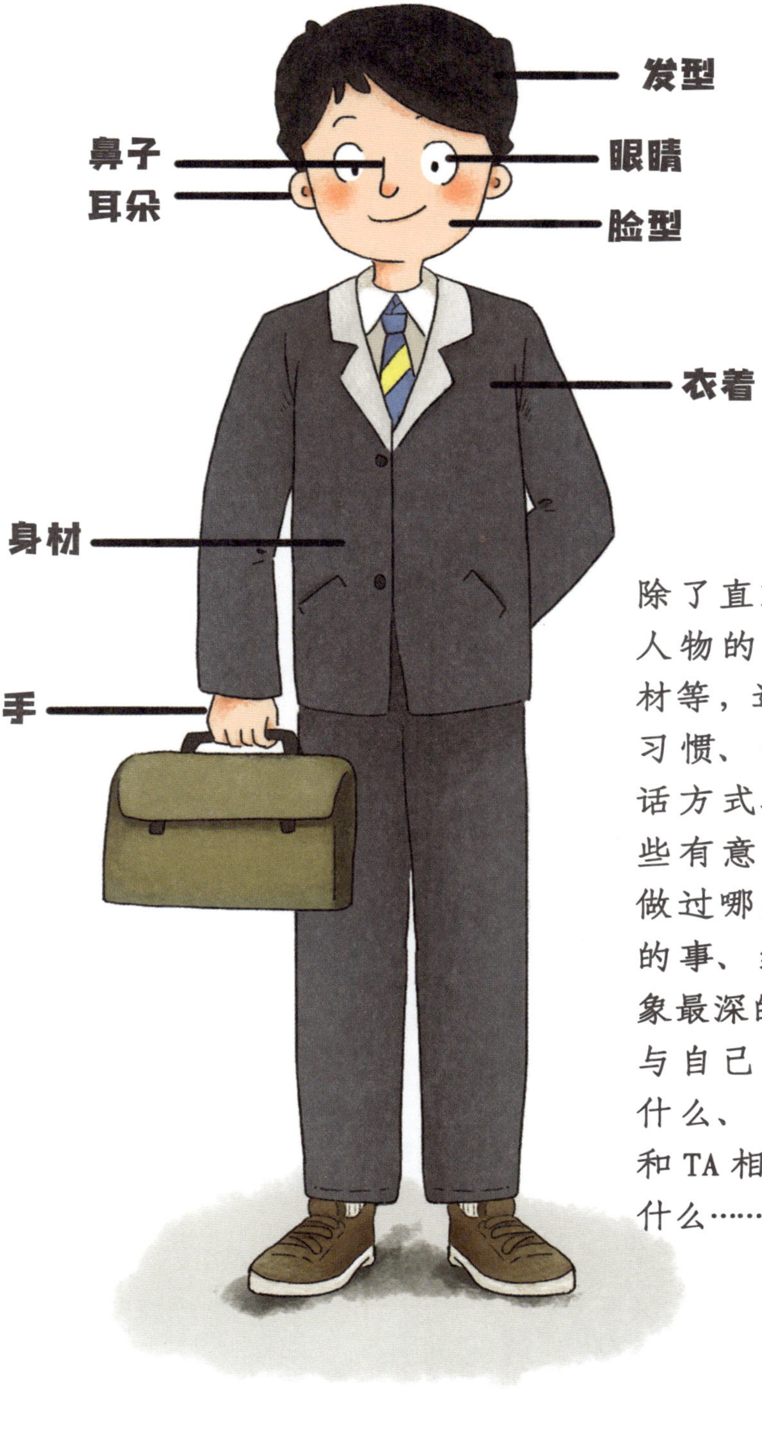

除了直观看到的人物的外貌、身材等，还有TA的习惯、性格、说话方式、说过哪些有意思的话、做过哪些有意思的事、给自己印象最深的是什么、与自己的关系是什么、自己通过和TA相处学会了什么……

关于人物的数据有这么多，但这些不用面面俱到全部写上，写哪些呢？我们可以先提炼出自己需要的信息。

外貌描写：

眼睛

鼻子

耳朵

手

脸型

身材

衣着

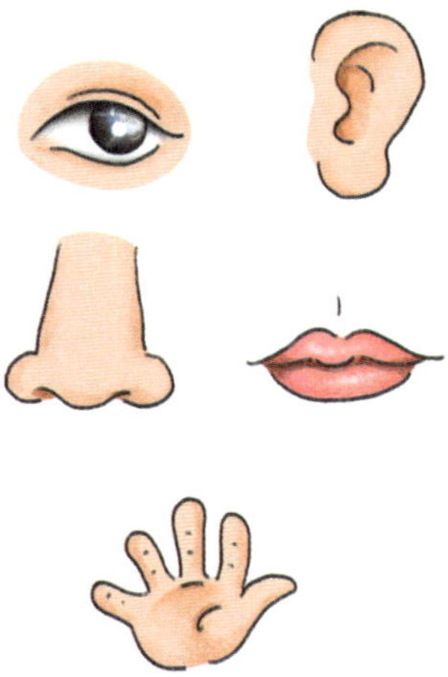

性格、习惯：

性格、说话方式、生活习惯、职业习惯等。

具体事例：

说过哪些有意思的话、做过哪些有意思的事、给自己印象最深的是什么。

根据这些信息，我们可以分成不同的写作模型，比如：

写妈妈的模型

外貌：妈妈眼睛好看，可着重写眼睛。

性格、习惯：妈妈的职业有特点，职业习惯很明显。

具体事例（行为）：妈妈喂我喝药，妈妈带我爬山……

写老年人（爷爷奶奶等）的模型

外貌：突出年老的典型特征，如脸部皱纹、身形形态。

性格、习惯：节俭、慈爱等。

具体事例（行为）：广场舞、防骗与被骗等。

写同龄小朋友的模型

外貌：身高、发型、声音等。

性格、习惯：体现小孩子特点的典型特征，比如贪玩、调皮、爱哭鼻子、爱抱人大腿。

具体事例：把爸爸的电脑弄坏了，把妈妈的口红当画笔了……

练一练：选一个人物模型写一写。

我的爷爷

我的爷爷六十多岁了，头发已经白了，为了显得年轻一些，他经常去小区的理发店里把头发染黑。爷爷的头发可以染，但手和脸上的皱纹却做不了假，那干瘦的手上，除了皱纹，还有点老年斑。爷爷每每握着我又嫩又干净的小手，都羡慕极了。

爷爷有什么好吃的，自己舍不得吃，总是留着给我吃。爷爷平时虽然很抠门，吃米饭时碗里一粒米都不剩，但对我却很大方，每次到超市里买东西，只要我想买什么，他都毫不犹豫地答应了。

这就是我的爷爷，爱我的爷爷、节俭的爷爷。

其实，我也深深地爱着他。

记事作文模型

事件的素材都有哪些呢？

时间：事件发生的时间（早上、中午、下午、晚上，或者具体的日期，如星期一、星期二、3 月 7 日、1999 年等）

地点：事件发生的地点（家里、学校、公园、商场、郊外、游乐场、车上、街道上，或者从街道到家里，或者从公园到商场等）

人物：这个事件中涉及的人（自己、同学、朋友、亲戚、家人、老师、门卫、警察、快递员、保姆、陌生人等）

环境：当时的天气、周围的景色等

起因：这件事的起因

经过：这件事的经过（中间经历了什么曲折，是一个曲折，还是一波三折）

结尾：这件事的结尾（是成功了还是失败了，是令人愉快的结果还是悲伤的结果）

收获：通过这件小事，“我”从中学到了什么？有什么样的经验、教训等

感受：“我”在这件事中的感受（很开心、很委屈、很难过、有些生气、有些羞愧等）

将来：通过这件事，我以后会怎样（更积极地面对生活、更加小心谨慎、更加努力、更谦虚、更自信等）

时间

地点

人物

环境

感受

将来

如果想写放学路上发生的一件小事。
提炼一下，写这个事件会用到哪些信息呢。

时间● 放学后

地点● 回家的路上

人物● 我和同路的小伙伴

起因● 见到一只受伤的小麻雀

经过● 要不要把小麻雀带回家？带回谁家？

结果● 带回我家了

收获● 从此，我多了一只小宠物

感受● 我感受到了生命的可贵

将来● 更加爱护生命，爱护自然

按照上面提炼出来的信息写一写。

一件小事

今天放学后，我照例和同小区的好朋友洋洋一起回家。我们的家离学校近，走路只有十多分钟的路程。（交代时间、地点、人物）

我们和往常一样，沿着人行道不紧不慢地走着。

突然，眼前出现了一只小麻雀，平时麻雀离人这么近的时候早就飞了，今天却一动不动。（起因）

我和洋洋屏住呼吸，小心翼翼地又往前走了一些。我们发现原来小麻雀的一只腿受伤了，跑不了了。

我和洋洋都想把它带回自己家，因为它需要包扎静养。（经过）

洋洋家有个小妹妹，还很小，家里不准养宠物，所以，经过商量，还是由我抱回家，她随时可以去我家看望小麻雀。（结果）

我抱起这只受伤的小麻雀，它瘦瘦的，毛软软的，带着温热的体温，我不敢用劲，恐怕把它碰疼了。

回家后，我先找来创可贴给它包扎伤口，然后又给它端来一小碗水。

……

小麻雀一点点好起来了，它成了我和好朋友洋洋之间的纽带，我们的关系更铁了。（收获、感受）

感受到生命的可贵之后，两位小伙伴商量着还小麻雀自由。（这“将来”可以有，也可以在“收获、感受”处结尾）

模型思维在实际生活中的运用

其他类型的作文也是这样，其他学科、其他行业也是这样。

比如 2023 年 12 月 25 日，X 森林发生了火灾，这是一个数据。

统计一年共发生了多少次火灾，哪个月容易发生火灾，这是信息。

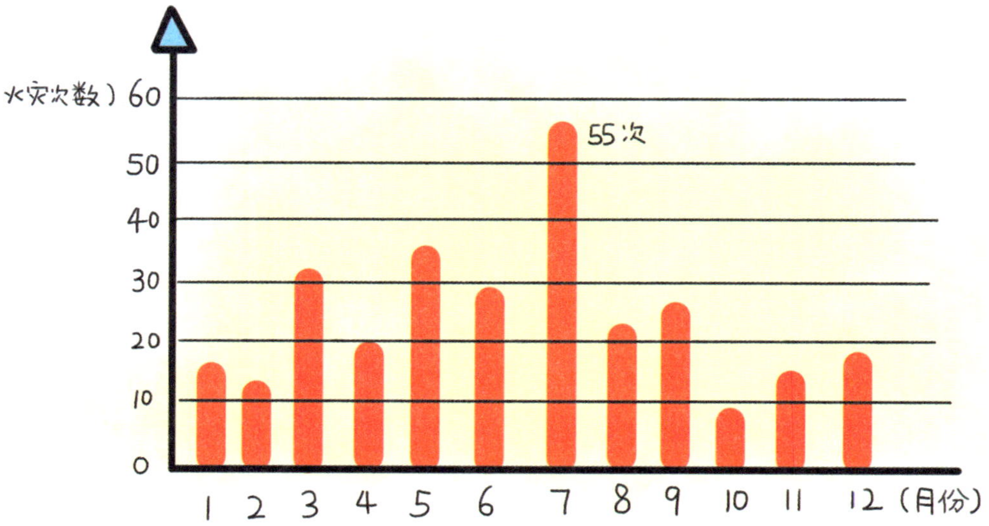

火灾扑救预案

根据以往的信息，做出方案预防火灾，组织扑救，这是火灾预案模型。

不同地区根据自己的情况，制定出了不同的模型，有依据地理条件的模型，有依据气候条件的模型，有依据人员行为方式的模型。这是多模型思维，能恰当运用多模型，是智慧的表现。

根据不同地区的不同情况，用不同的方法应对火灾，这是智慧。

依据气候条件的模型

依据地理条件的模型

依据人员行为方式的模型

无论是哪类事情，先从数据里找到信息，然后根据自己的需要建模型，这就是模型思维。人类小伙伴们，你们是不是也学会了？

图书在版编目（CIP）数据

AI时代的学习力：用模型看世界．高效学习模型 / 真果果主编；姜晓倩著；白开水绘．-- 北京：海豚出版社，2025.6.-- ISBN 978-7-5110-7393-8

Ⅰ.G442-49；B804-49

中国国家版本馆CIP数据核字第2025K7E199号

出 版 人：王　磊

责任编辑：杨文建　白　云
封面设计：赵　阳
排版设计：赵　阳
责任印制：于浩杰　蔡　丽
法律顾问：北京市君泽君律师事务所　马慧娟　刘爱珍

出　　版：海豚出版社
地　　址：北京市西城区百万庄大街24号　邮编：100037
电　　话：010-68996147（总编室）　010-84645083（销售）
传　　真：010-68996147
印　　刷：朗翔印刷（天津）有限公司
经　　销：全国新华书店及各大网络书店
开　　本：16开（710㎜×1000㎜）
印　　张：16
字　　数：100千字
印　　数：1-6000
版　　次：2025年6月第1版　2025年6月第1次印刷
标准书号：ISBN 978-7-5110-7393-8
定　　价：100.00元（全4册）

本书二维码自版权页所标注印刷之日起三年内有效。

AI时代的学习力

用模型看世界

日常管理模型

真果果◎主编
羡晓倩◎著　白开水◎绘

海豚出版社
DOLPHIN BOOKS
CICG
中国国际传播集团

夜里十点了，孩子的作业还没做完？
零花钱早早花光了，想买的玩具还没买？
孩子日常是不是也会遇到此类问题？

是作业太多？
还是零花钱太少？

也许，
可以和孩子一起试试书中的模型。
时间管理模型，提高写作业效率，
金钱管理模型，合理使用零花钱，
这两种日常管理模型，
小模型，解决大烦恼。

前言

AI（人工智能）、大数据、机器人、无人驾驶、大语言模型……大量与新科技有关的词汇闯入我们的生活，人类即将进入 AI 时代。

数据是 AI 的“血液”或“燃料”，它推动 AI 的发展。

如今，数据比比皆是。

面对这些，人类的思考方式是否需要随之转变？怎样转变？

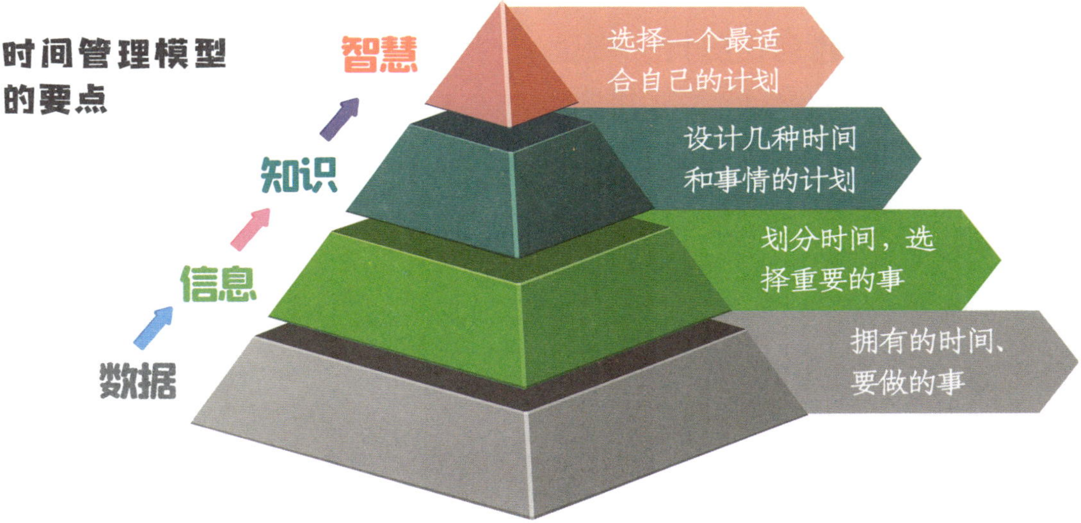

模型思维是什么？模型思维是一种基于数据的思维方式，也是一种观察世界的方法。模型思维帮助你理解数据，用数据解决问题、预测未来。

模型思维让数据说话，所以，它更理性，也更具逻辑性。

对孩子来说，学习用模型思维来思考问题，可以让他们做事更有条理、更有效率，能够拥有更强的思考力。

小朋友无论遇到哪类问题，都可以用这种方式来思考并找到解决办法。

目录

没时间观念怎么办？

说过你多少遍了，怎么就不改呢？快点写完作业，写完了再玩不好吗？

孩子做事、写作业拖拉，没有时间观念，怎么办呢？日常的时间管理到底怎样做比较有效呢？
一起去问问无比强大的机器人同学吧。

制订计划

嘟嘟晚上写作业太拖拉了，没有时间观念，你有什么好办法吗？

这个嘛，可以用模型思维的方法来思考，学习如何管理时间、安排日常活动。

比如，这是同学 A 晚上的计划：

语文作业：30 分钟，19:30—20:00

休息：15 分钟，20:00—20:15

数学作业：30 分钟，20:15—20:45

洗漱：20:45—21:00

睡觉：21:00—第二天早上 7:00

模型思维是一种经验的抽象合集。时间管理模型，最主要的就是制订一个计划，后面还可以用番茄时间模型等来优化，做出一个适合自己的时间管理表。

同学B的情况有些不一样，她写字特别慢，计算特别快，所以她的时间计划是这样的：

语文作业：40 分钟，19:30—20:10

休息：15 分钟，20:10—20:25

数学作业：20 分钟，20:25—20:45

洗漱：20:45—21:00

睡觉：21:00—第二天早上 7:00

好吧，我先和他把第一步完成。至于第二步，如何执行这个计划，后面再说吧。

嘟嘟小朋友可以根据自己的情况，制订一个适合他的写作业计划。

适合自己的计划模型

嘟嘟非常不情愿地制订了晚上写作业的计划。
他按照妈妈说的，先把数据列出来：
嘟嘟晚上六点就吃完饭了，九点要上床睡觉，这中间有三小时时间。
他要做的事情有：玩、休息、吃零食、写语文作业、写数学作业、课外阅读、其他作业，如果都做完了还可以看半小时动画片（也可能看不上）。

归类整理一下，把玩和写作业隔开：

玩：20 分钟，18:00—18:20

语文作业：40 分钟，18:20—19:00

休息：15 分钟，19:00—19:15

数学作业：30 分钟，19:15—19:45

休息：15 分钟，19:45—20:00

其他作业：20 分钟，20:00—20:20（如果没有其他作业，可以看动画片）

休息：10 分钟，20:20—20:30

课外阅读：20 分钟，20:30—20:50

洗漱：10 分钟，20:50—21:00

睡觉：10 小时，21:00—第二天早上 7:00

计划制订好了，怎样执行计划呢？

妈妈又向机器人求助了。

这计划不能执行怎么办呢？

我也想执行下去啊，可他总是拖沓磨蹭，怎么办？

1. 可以用奖励的方法，比如按时执行计划并完成后，奖励看动画片或者奖励平时不让吃的零食。

2. 如果条件允许可以找一位家庭教师督促并教导。

番茄时间模型

番茄工作法是什么？
有土豆工作法吗？
结合“番茄工作法”，还可以制订一个番茄时间模型。

25
分钟
番茄工作法就是把工作或学习分成多个“番茄时间”，一个番茄时间包含25分钟学习和5分钟休息（小朋友如果觉得休息5分钟太少，可以把自己的番茄休息时间调整为10分钟或者15分钟），然后在番茄时钟上设定一个25分钟倒计时，开始学习。

有土豆时钟、苹果时钟吗？

可以有，不过发明这种工作方法的人用的就是番茄时钟，所以取名“番茄工作法”。

根据这个方法，我晚上写作业的时间管理模型可以做出些调整。超过 25 分钟的划分到下一个时间里，或者抓紧点，争取 25 分钟内完成。

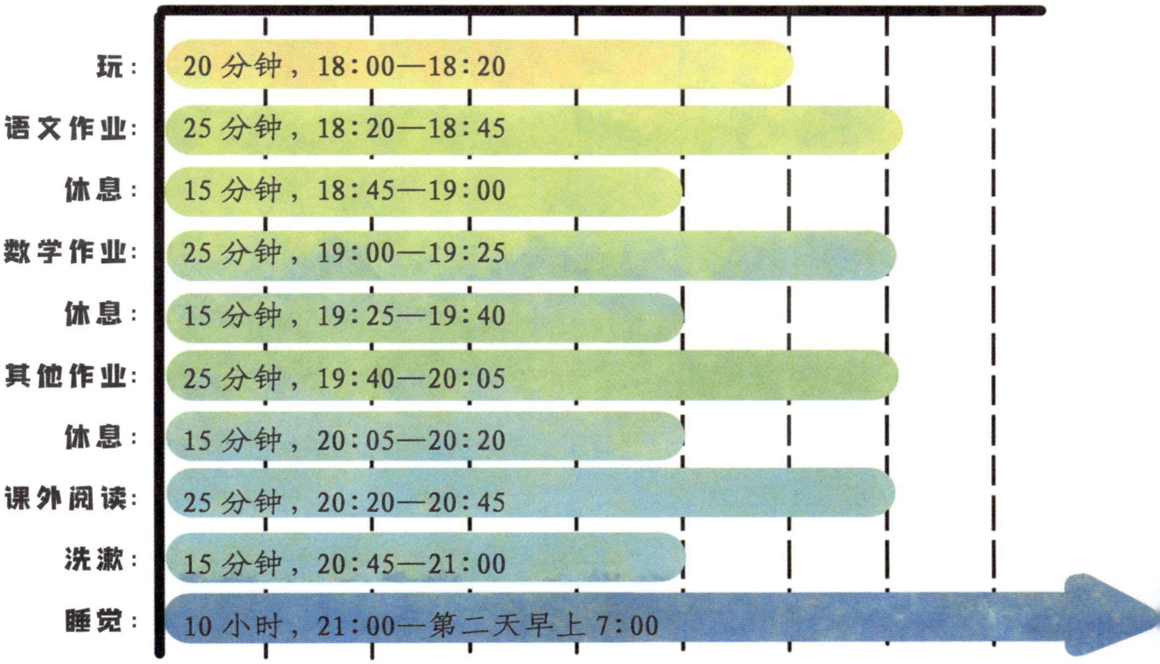

我还是有一点不明白，为什么每个番茄学习时间是25分钟呢？

这个，我还是给你讲一下吧。

01

选择25分钟，跟心理学有关，据研究，人的注意力集中时间一般为25分钟，超过这个时间后，人的学习或者工作效率会降低。

02

另外，将大任务分解成多个25分钟的小任务，更容易开始行动，减少畏难心理。

还有其他理论吗？我的这个时间管理模型是不是很完善了，还有需要改进的地方吗？

这个，等我查询并思考一下啊，咱们下次再讲。

TIPS1

“番茄工作法”的名称并没有什么特定意义。它的创始人是弗朗西斯科·西里洛，这个工作法其实源于他一次随意的尝试——尝试自己持续集中精力工作的时间。当时，他家有一个厨房里用的番茄形计时器，就拿来计时了。如果当时厨房里是土豆形计时器或者茄子形计时器，那这个工作法的名字也就随之改变啦。

TIPS2

番茄工作法并不适合所有人，比如有人觉得 25 分钟倒计时让他感到紧张，无法正常工作学习，就可以不用这种方法。

有的人工作需要长时间的连续性，比如作家、画家、科学家等，画家画画可能一坐就是半天，科学家做实验也可能一天都待在实验室……他们就不适合番茄工作法。

留出一点弹性时间

我给老妈看了一下我的时间管理模型，老妈夸赞很好呢。

作为晚上写作业的时间管理模型，的确已经可以了。

制订自己的时间管理模型时，记得每天都留出一点弹性时间，以应对一些意外情况。同时，有弹性时间在执行计划时也更从容，可以避免因时间太过紧凑而引发焦虑。

采用了新的时间管理模型，嘟嘟晚上写作业的效率确实有了提高。转眼，到周末了。

周末时间管理模型

嘟嘟仔细想了一下，周末自己要做的事就多了。

原始数据：

语文练习册　数学练习册　英语练习册　语文生词一篇　数学口算一篇

看动画片一集　看纪录片一集　看英文小故事一篇　放松眼睛　和小伙伴玩

去郊外玩或者去博物馆玩　拉丁舞班　声乐班　乒乓球班　英语阅读班

吃饭　睡觉　跟姥姥聊天　……

哇，这么一想，周末要做的事情好多好多呢，怎么安排比较好呢？

你应该先把上面这些事情归类。专业一点的说法是把这些数据分析整理一下，变成信息。

归类成信息：

作业类： 写作业（数学、语文、英语），复习上一周所学的内容，预习下一周要学的内容。

玩： 约小朋友在小区里玩，或者和爸爸妈妈在附近公园、博物馆玩。

上辅导班： 拉丁舞班、声乐班、乒乓球班、英语阅读班。

休闲阅读： 读漫画、读小说、看订阅的杂志、看动画片。

属于自己的发呆或者随意做什么的时间

一日三餐

睡觉

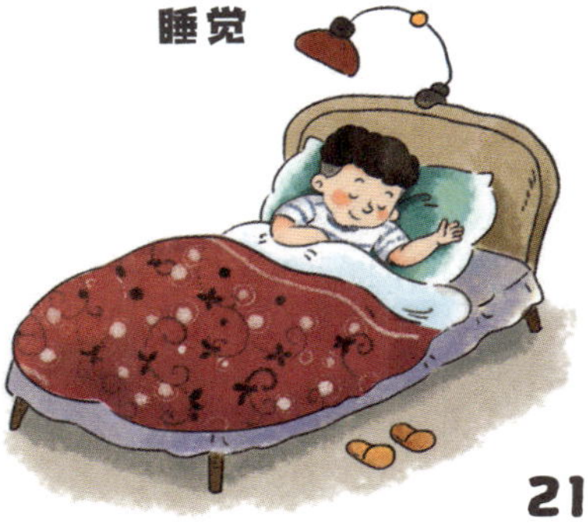

嘟嘟想了想，给自己做的时间管理模型如下：

周六

周六因为有辅导班，时间早就定了，所以很容易就能安排好。

周日

上午：完成其他作业，以及三门主科的复习

下午：户外玩（要玩整整一下午）

晚上：预习 + 看英文故事片

大概这样安排了一下，嘟嘟又来找机器人了。

用起零散时间

“还有进步空间”，意思就是不行呗，哼。

嘟嘟的时间管理模型中规中矩。为了更适合嘟嘟，我们可以做如下调整。

周六来来回回去辅导班的路上，就是一些零散时间。

这些时间浪费了未免可惜，可以听一些英文故事，练习英语听力。

也可以听一些名家讲的诗词或者经典名著，为语文的阅读、写作打基础。

如果车上不晃，也可以拿一本小说或者杂志在车上阅读。

这我怎么没想到，每天路上有好
长时间呢，无聊极了。
谁让咱是机器人呢，
想得自然更全面些。

啧啧，说你胖，你还喘上了。
嘿嘿，这不是胖，这是
满满的可爱在膨胀。

四象限图与时间管理 ABC

除了用起零散时间，还可以给自己要做的事情分一下类，比如根据轻重缓急列出先做什么，后做什么。

设置优先级

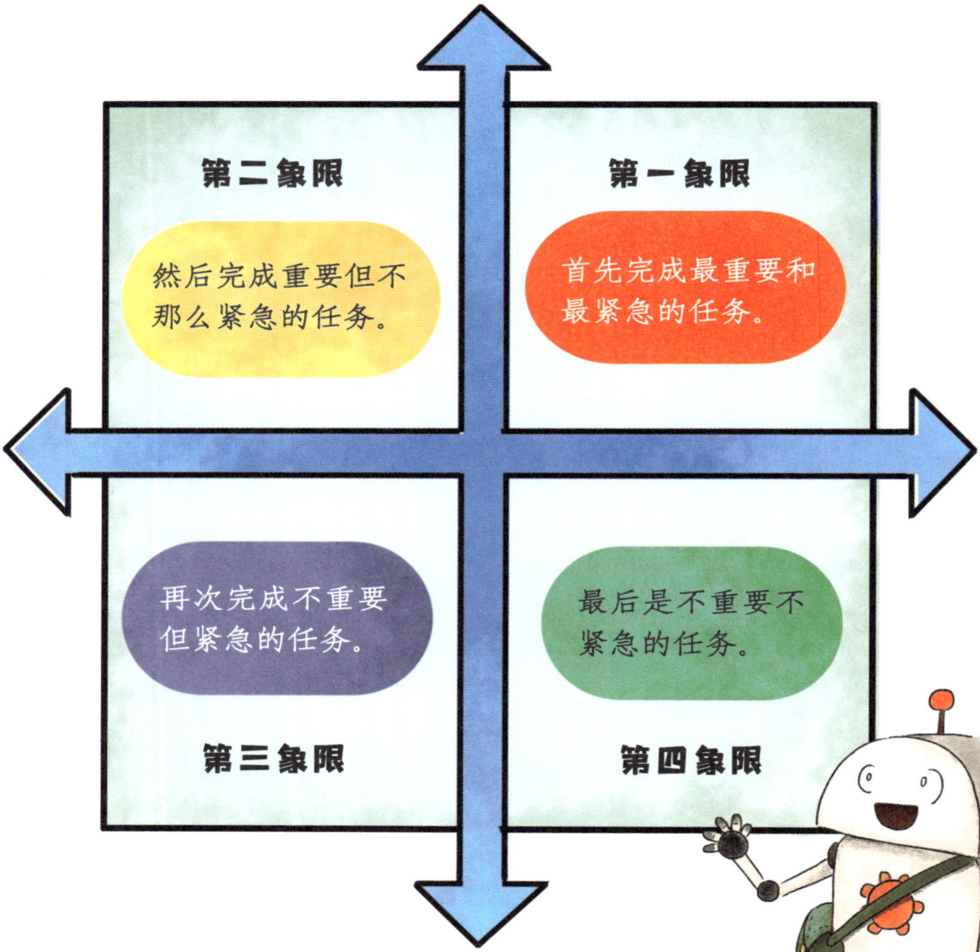

“四象限图”可以了解一下。

TIPS：时间管理 ABC 法

时间管理 ABC 法与四象限图异曲同工，都是把待完成的任务分类。

A 类任务：首先要做的，又重要又紧急的

B 类任务：其次要做的，重要但不那么紧急的

C 类任务：不重要的

周一就要交的作业。

英语辅导班、乒乓球辅导班等课外辅导机构留的作业。

阅读、看动画片等。

结合实际情况，在精力旺盛时完成 A 类任务

每个人都有自己的生物钟，有些人早晨起来时精力最充沛，有些人夜深人静时精力最集中，了解自己的生物钟，在精力最充沛的时候安排最重要的任务。

根据事情的优先级、精力是否充沛，嘟嘟又调整了周末的时间管理模型。

周六

上午：英语阅读班（9:00—10: 30）、拉丁舞班（11:00—12:00）

下午：乒乓球班（14:00—15:00）、声乐班（16:00—16:45）

回家后，玩一会儿，吃晚饭，18:30 吃完饭。然后看个动画片（30 分钟）

在去辅导班的路上听英语，练习听力。

晚上：（上了一天辅导班，没精力了）

画画：40 分钟，19:00—19:40

休息：15 分钟，19:40—19:55

英语作业：25 分钟，19:55—20:20

休息：15 分钟，20:20—20:35

洗漱：25 分钟，20:35—21:00

睡觉：10 小时，21:00—第二天早上 7:00

周日

上午：（精力比较充沛，完成主要的作业）

写语文作业：25 分钟，8:30—8:55

休息：15 分钟，8:55—9:10

写数学作业：25 分钟，9:10—9:35

休息加弹性时间：20 分钟，9:35—9:55

写作文：40 分钟，9:55—10:35

休息：15 分钟，10:35—10:50

奥数题练习：25 分钟，10:50—11:15

休息加弹性时间：45 分钟，11:15—12:00

下午：户外玩（要玩整整一下午）

晚上：预习 + 课外阅读

总结：时间管理模型几要点

一

列出所有数据。列出所有需要做的事情及所拥有的时间。

二

归类。哪些是A类任务，哪些是B类，哪些是C类；哪个时间精力最充沛，哪个时间精力差一些。

三

制订时间管理表。

四

还可以根据自己的实际执行情况，改进管理表，使它更符合自己的习惯，更适合自己。

日常我们需要有效管理时间，有时也需要有效管理自己的零花钱哟。时间管理有模型，那零花钱的管理呢？

钱没了，想买的东西还没买

唉，两天的零花钱，一会儿就吃掉了。

怎么买了这么多没用的东西，
想找的却找不到。

买东西的时候不假思索
想买就买，买的时候挺
爽的，可是过后呢？

妈妈，我想买个无
人机，嘟嘟都有了。

你自己每天有零花钱，节
日还有过节费，买东西的
钱要自己攒啊。

其实很多事情只要做起来就没什么难的。

你说怎么不难？

现在已经没办法了，除非把我卖了。不过，改变花钱的习惯，以后就不会再出现这种状况。

怎么改变习惯呢？
怎么管理钱呢？

机器人同学给了米诺一个 VR 眼镜，戴上眼镜，米诺来到了一个虚拟的游戏世界。这里是有了模型思维的米诺。

要智慧地管理金钱，就得建立起模型思维。建立起模型思维的人，在花钱时是有计划、有条理的。

模型思维是我们的做事经验、事后复盘的规律集合。我们平时听到的谚语、公式、定理等，本质上都是一种模型。

这些本质也是模型。

零花钱的管理模型

模型思维第一步，列出所有的数据。

这些是我想买的东西。

米诺想要拥有的东西、米诺现在所拥有的钱都是数据。数据是原始的、未经处理（或者说未编码）的信息、经历、现象等。

米诺想买的东西很多，钱却很少，这个时候就需要处理一下这些数据，给它们分一分类。

按类别分

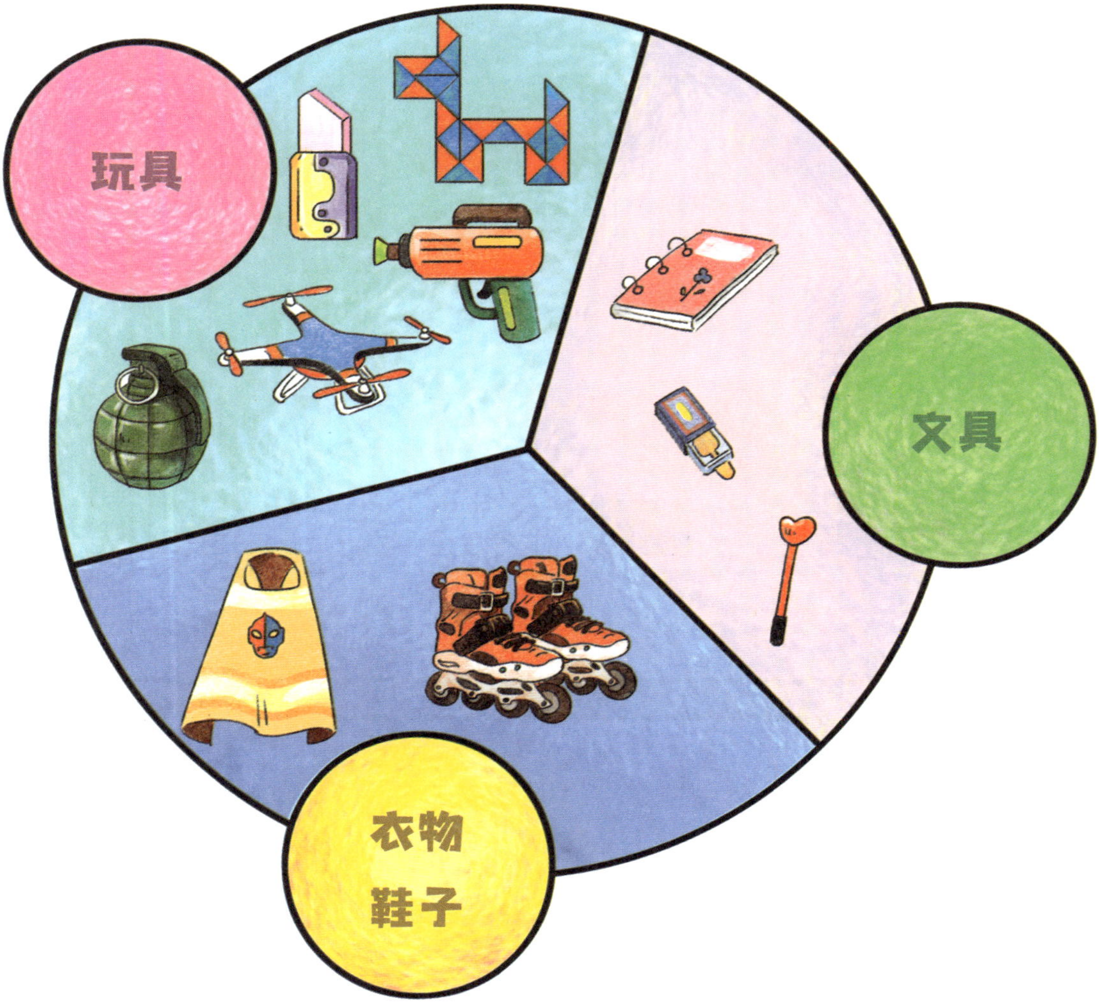

按喜欢的程度分

按目前的购买力分，还可以分为马上就能买到的、攒一阵子钱才能买到的。

这些数据经过分类整理之后，就成为信息。

折中

根据米诺整理的信息，以及个人消费习惯，他是这样买东西的。

我买“第一想要的”时，要先算一下自己的零用钱，再看一下想要的东西（玩具手雷）的价格，便宜的五块钱就能买到，贵一点的大概十五元，而复杂又精致的高端玩具手雷要几十元呢。

（注：玩耍时请注意安全。）

这三种不同价位的手雷买哪一种呢？
一般人会选择中间价位的，不是最便宜的，太便宜的做工粗糙；也不是最贵的，贵的超出消费能力。
米诺在比较之后，也“折中”了一下，选了中档的手雷。

TIPS：折中效应

折中效应就是在偏好不确定的情况下做选择时，绝大多数人会选择中间选项，因为这样能让人感到更安全。

货比三家

其实，同一型号、同样质量的东西，在不同的地方价格也会有所不同。有的实体店贵，网上便宜；有的这个购物网站便宜，另一个购物网站贵。

有的人想节约时间，在第一个看到的地方就买下了。这是个节省时间的模型，节约下来的时间能让他赚更多的钱（或者学到更加有用的知识）。

有的人想省钱，而且时间很充裕。他有时间多转转，货比三家，最终能买到一个最便宜的。

结合自己的情况，经过计算和各种条件的综合考虑之后，选择适合自己的，建立自己的购物模型。

需求原则

米诺想买一架无人机，可是无人机的价格对他来说真是有点贵呢。

每天攒1元的话，要攒近两年。

不买的话，其实也没什么，因为它不是必需品，
而且很多地方不让玩无人机。

根据需求原则，米诺其实可以不用买无人机。

但是，人有时是感性的。米诺最终还是决定买一架无人机。他定下了一个攒钱的计划。

一种是：每天攒一块钱，这种用时太长了，他有点受不了。

另一种是：最近不花零用钱了，都攒下来。

三个月后，加上“六一”儿童节拿到的节日红包，米诺终于攒够了钱。

模型思维可以帮助孩子更好地理解和处理复杂的问题，并做出更适合的决策。

现实世界的米诺看完虚拟世界的米诺买玩具的过程，似乎明白了点什么，又没太明白。

模型是经验的抽象集合。在买玩具这件事上，可以当成做出一些计划；在其他的事情上，还有许多不同的形式。

比如，米诺着急出去玩，于是赶紧写作业，但因为着急，总是出错，本来半小时就能写完的作业，因为要修改、重做等，一个多小时了还没做完。

米诺发现同学洋洋也有这样的经历。

爸爸做事时，也会出现这种情况，越着急越做不好，反而浪费了时间。

古人早就总结提炼出了一个成语来形容这种事，叫：欲速则不达。欲速则不达也是一种模型。

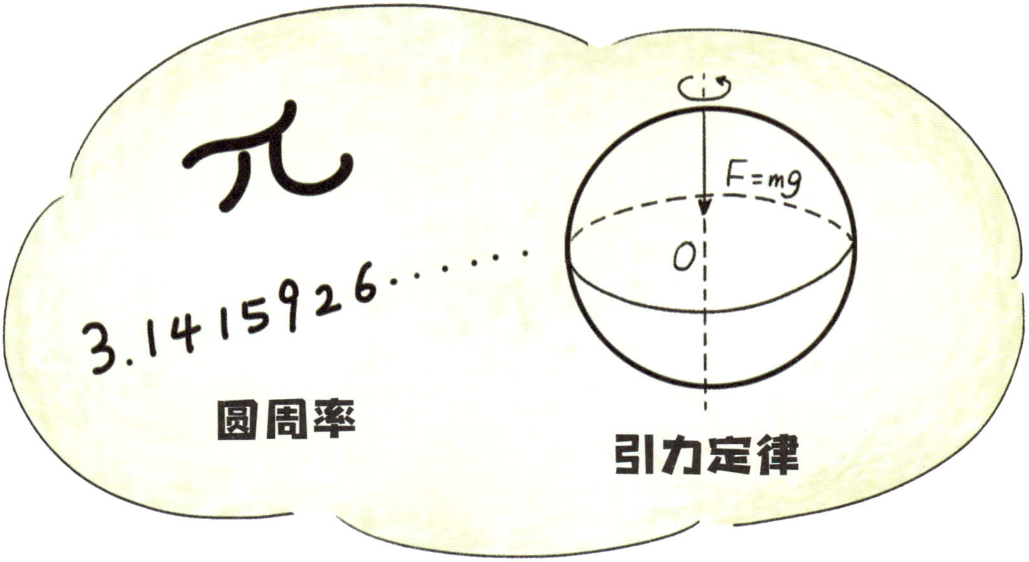

根据圆周的计算公式，我们可以算出各种圆的周长。根据万有引力定律，我们可以解释为什么东西都是往下落的。

现实世界中的米诺也学会了模型思维，在花钱、管理钱上从容多了，后来还利用所长，帮助老师管理班费呢。

糖糖也遇到了“想买的东西买不到”的问题吗？并没有，她遇到了另一个问题。

糖糖的问题

糖糖也想了解一下模型思维，于是邀请了嘟嘟、米诺来家里，想向他们学习一下。

它都会什么啊？
我啥都会，
比现在最
好用的大
语言模型
还厉害！
好可爱啊，我
也想要一个这
样的机器人。
它啊，我会的它都
会。我不会的，它，
也会那么一丢丢。

那糖糖昨天晚上写作业写到了十一点，
你有什么办法吗？机器人同学。
当然，容我细细讲来。

数据 列出都有哪些作业，这些作业各需要多少时间。

分析 可以跟其他小朋友的作业对比一下，哪一项用的时间太多了，为什么多？

参照 参照别人的，建立一个属于自己的时间管理模型。

嘟嘟，你们家机器人说的都是什么啊？怎么建模型？用积木建吗？

建立模型思维，帮助你更合理地安排生活中的方方面面。

用积木建的是城堡。

对，建立模型思维，我管理零花钱也用的这个。

时间管理的模型看起来都差不多，
但为了提高效率，糖糖还可以了解
一下“奥卡姆剃刀”原则。
这又是什么呢？

糖糖的时间管理模型

嘟嘟向糖糖展示了自己写作业的时间管理模型，并跟糖糖商量着改动一些地方，使它更符合糖糖。

A 类事在精力充沛的时候先做。所以，吃完晚饭我要先做数学。

多模型思维

机器人看着糖糖的时间管理表单，补充了一点新东西。

糖糖做数学作业比较困难，耗时多。我前面提到的“奥卡姆剃刀原则”了解一下吧？

呃……我爸才需要了解剃刀吧，我了解这个做什么？

奥卡姆剃刀原则也是一种模型，并不是一种刮胡刀。这个说起来其实也很简单，就是：事情应该尽可能地力求简单，往往最简单的解释恰是最正确的。糖糖你写作业时，也应尽可能选择简单的方法，那样既节约了时间，可能还提高了准确率。

还是不明白。

不会的题目，用最直观、最简单的方式做出来。

比如一根绳子，平均剪成两段之后，其中一段又从中间剪断，得到的长度为3厘米，问这根绳子有多长？

用最简单的办法，给孩子剪一下，让孩子直观看到剩下的部分跟总长的关系。这比跟孩子讲绳子的几分之一要简便多了，也更容易理解。

奥卡姆剃刀原则：若无必要，则不增加复杂性。它使孩子的学习过程更加直接、有效。

TIPS

奥卡姆剃刀原则是由14世纪英格兰逻辑学家、圣方济各会修士威廉·奥卡姆（William Ockham）提出的。这则经典的原理是“切勿浪费多余功夫去做本可以较少功夫完成之事”，通常被简化为“如无必要，勿增实体”。主张在保证结果的前提下，尽可能简化过程，减少不必要的复杂性。

糖糖将时间管理模型和奥卡姆剃刀原则结合使用，写作业的效率高了，中间玩和走神的时间减少了，作业不到九点就完成了。

其实很多时候，我们都在综合使用多种模型。因为一件事情本来就牵扯到多种因素，不是单一因素决定的。

我们在思考问题时，也要尽可能地全面看待。

建立模型思维四要点

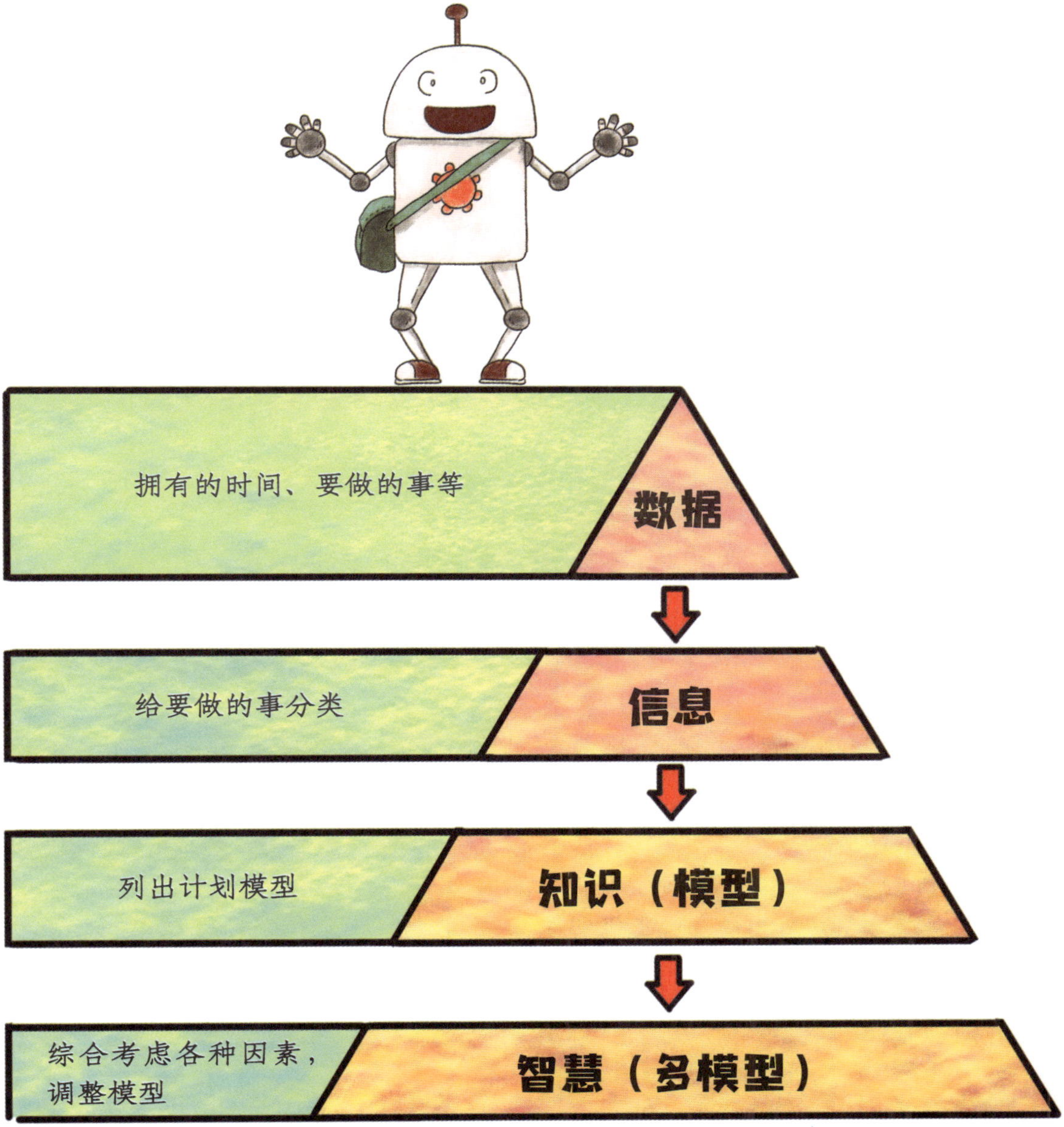

图书在版编目（CIP）数据

AI时代的学习力 ： 用模型看世界． 日常管理模型 / 真果果主编 ； 姜晓倩著 ； 白开水绘． -- 北京 ： 海豚出版社， 2025.6. -- ISBN 978-7-5110-7393-8

Ⅰ．G442-49；B804-49

中国国家版本馆CIP数据核字第2025Y5F560号

出 版 人：王 磊

责任编辑：杨文建 白 云
封面设计：赵 阳
排版设计：赵 阳
责任印制：于浩杰 蔡 丽
法律顾问：北京市君泽君律师事务所 马慧娟 刘爱珍

出　　版：海豚出版社
地　　址：北京市西城区百万庄大街24号 邮编：100037
电　　话：010-68996147（总编室） 010-84645083（销售）
传　　真：010-68996147
印　　刷：朗翔印刷（天津）有限公司
经　　销：全国新华书店及各大网络书店
开　　本：16开（710mm×1000mm）
印　　张：16
字　　数：100千字
印　　数：1-6000
版　　次：2025年6月第1版 2025年6月第1次印刷
标准书号：ISBN 978-7-5110-7393-8
定　　价：100.00元（全4册）

AI时代的学习力

用模型看世界

高情商模型

真果果◎主编
羡晓倩◎著　白开水◎绘

海豚出版社
DOLPHIN BOOKS
CICG
中国国际传播集团

孩子在学校人缘不好，
不会和同学相处，
说话很冲，总是得罪人，
……
也许，
高情商模型可以帮到他，
说话技巧，
做事诀窍，
掌握了模型，
社会交往其实一点都不难。

前言

AI（人工智能）、大数据、机器人、无人驾驶、大语言模型……大量与新科技有关的词汇闯入我们的生活，人类即将进入 AI 时代。

数据是 AI 的“血液”或“燃料”，它推动 AI 的发展。

如今，数据比比皆是。

面对这些，人类的思考方式是否需要随之转变？怎样转变？

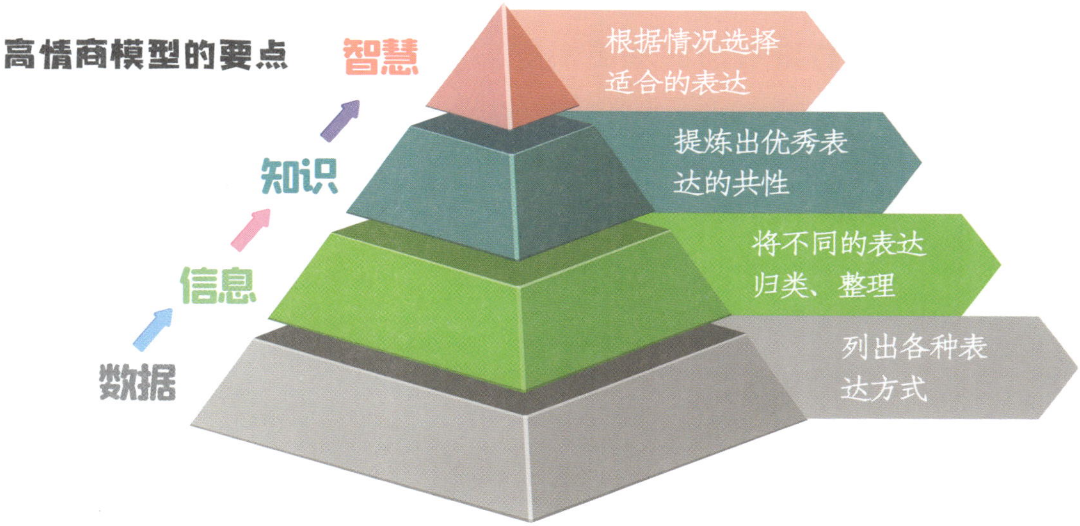

模型思维是什么？模型思维是一种基于数据的思维方式，也是一种观察世界的方法。模型思维帮助你理解数据，用数据解决问题、预测未来。

模型思维让数据说话，所以，它更理性，也更具逻辑性。

对孩子来说，学习用模型思维来思考问题，可以让他们做事更有条理、更有效率，能够拥有更强的思考力。

小朋友无论遇到哪类问题，都可以用这种方式来思考并找到解决办法。

目录

我为什么没有朋友？

小雪在学校里没什么朋友。

她也不知道为什么别人不爱和她一起玩。你知道吗？

放学时，嘟嘟妈妈有事不能及时接孩子，小雪妈妈顺道帮忙接一下。在车上，小雪不太高兴，直接说不想让嘟嘟坐。

小雪和萱萱在堆雪人，萱萱想给雪人安个鼻子，小雪上前阻止。

不同的说话方式

小朋友从幼儿园开始就进入了集体生活，开始学着和老师、同学相处了。到了小学，集体中的交往活动就更多了。小朋友如果不注意说话方式，不为别人考虑，可能就没人愿意和你玩。如果能为别人考虑，能好好说话，结果就会大不同。比如“社牛”糖糖就很有人缘。

谢谢，我也喜欢和你
一起回家，给你一块
小饼干，可好吃了。

你能陪我一起放学太好
了，每天放学都让我妈
妈捎上你吧。

你这个鼻子真有特点，先装上试
试，一会儿再试试我这个。

好啊，一会儿我们还
可以给它换帽子。

同一件事情，其实说话方式有许多种，不同方式的表达构成了基础数据。
同样是搭车送小朋友回家，

小雪不喜欢和别人一起走，说出的话令人伤心。

糖糖喜欢和别人一起走，说出的话自带甜度。

如果换成米诺，他可能什么也不说，而是和往常一样放故事听。

如果换成嘟嘟，他可能会开心地拿出自己的零食，和同学边吃边聊天。

如果换成萱萱，她可能在车上不说什么，但下了车会对妈妈说不想和 XX 一起。

按照模型思维，把数据分类，提炼出信息。

很热情，让人舒服的是：糖糖和嘟嘟的表达

最让人不舒服的是：小雪的表达

不过分，也不热情的是：米诺和萱萱的表达

如果想成为社交小牛人，也就是“社牛”，我们需要学会让人舒服的表达方式。

为对方考虑的表达模型

1. 说话之前考虑别人的感受。

这个鼻子太丑了。

屎一样颜色的狗。

✕

这样说就没有考虑别人的感受。

这个鼻子真有特点。

您看起来好儒雅。

✓

这样说谁听了都不会难过。

2. 说出来的话要符合自己和对方的要求，要让双方的要求趋于一致。

正向表达。

说话之前考虑别人的感受。

符合自己和对方的要求。

比如商场售货员看到顾客觉得衣服有些贵时，正向表达就是要强调“物有所值”，同时贴合顾客“追求品质”的要求。

小区里，小雪和糖糖正在玩丢沙包的游戏。糖糖并不想和小雪玩。“我不想跟你玩”怎么转化成积极正向的表达呢？

模型转化：

01 考虑别人的感受：别人听到“不想和自己玩”之后，心里一定不开心。

02 她想和我玩，我不想和她玩，两个人的所求不同，怎样趋于一致呢？我和她有共同的任务——写作业，所以可以转化一下。

转化后，糖糖可以这样说：“今天作业好多，咱们先去做作业吧。”

成年人掌握了这种表达模型，也能提高情商。

糖糖妈妈想让邻居家孩子的练琴时间提前一点。

妈妈想直接敲邻居家的门，大声抗议“都几点了，还练琴！让不让人睡觉了”，但是这样很可能适得其反，根本解决不了问题，还激化了矛盾。

按照前面的模型转化一下。

01

考虑对方的感受：邻居可能觉得还不太晚，能再练一会儿。被别人一顿怒吼之后，可能会产生逆反心理，继续练琴，甚至练到更晚。

02

双方的共同要求是什么呢？是都希望孩子健康、有本领。孩子需要十小时的睡眠，九点多睡觉能让孩子得到充分休息，精力充沛。

读《西游记》，聊情商

如果想让自己的话不伤人，说话时可以按模型里的方式转化一下。比如《西游记》中，孙悟空三打白骨精后被唐僧赶回花果山。随后唐僧被妖怪抓住，猪八戒去花果山请孙悟空回去救师父。

猪八戒见到孙悟空之后，没有直接说“我是来求你跟我回去的”，他知道这样说肯定会被拒绝，而且自己也不会有好果子吃。

按前面的模型转化一下。

01 考虑别人的感受：猪八戒知道自己当初在师父面前煽风点火，害大师兄被赶回花果山，大师兄还在生气。

02 我想让他跟我走，他不会平白无故跟我走，两个人的所求不同。两个人的所求怎样才能趋于一致呢？大师兄重情重义，说师父想念他，或许能打动他。

于是猪八戒转化说法。

师父想你了，让我来请你回去。

（考虑了孙悟空的感受，给了孙悟空尊重）

《西游记》原文：

行者道：“既无贬书赶你，你来我这里怎的？”
八戒道：“师父想你，着我来请你的。”
行者道：“他那日对天发誓，亲笔写了贬书，怎么又肯想我，又肯着你远来请我？”
八戒就地扯个谎，忙道：“委是想你，那日师父在马上正行，叫声‘徒弟’，我不曾听见，沙僧又推耳聋。师父就想起你来，说我们不济，说你还是个聪明伶俐之人，常时声叫声应。因此专专教我来请你的，万望你去走走，一则不孤他仰望之心，二来也不负我远来之意。”

虽然最终孙悟空还是问出了实情，但前面这些铺垫很精彩。

分配东西时，怎么分配更好？

过生日时，米诺准备了不同形状的巧克力分给小朋友们。

给大家分东西时，如果东西不一样，总有人没的挑，只能拿最后一个。这时，怎样说能让对方觉得舒服呢？

按照模型思维，我们可以先从数据开始，罗列一下有哪些说法：

不好意思，只剩一个了。

这个最特别，我特意留下来送给你的。

这个图案最好看，我藏在下面了，送你。

你是我最特别、最重视的朋友，所以我把最喜欢的一个图案留在最后给压轴的你。

给这些不同的说法（即数据）分一下类。

过于直接的说法：

含蓄委婉的说法：

不太自信、带着歉意的说法：

不好意思，最后才轮到你。

不好意思，只剩一个了。

高情商说法：

你是我最特别、最重视的朋友，所以我把
最喜欢的一个图案留在最后给压轴的你。

这些数据经过分类整理，成为信息。
我们挑出高情商的说法，提炼出它的模型。

只剩最后一个时的表达模型

01 突出最后一个礼物的特别之处。

02 突出最后一个朋友的重要之处。

说话前想一想。

这个是我亲手制作的。

我想把它送给我最好的朋友。

我在她心里是最特别的，好开心。

含蓄委婉的说法，让对方听起来更舒服一些。因为“最特别的留给了我”，显示出了自己的地位，谁都希望自己是被重视的，被尊重的。

运用这种方法，无论是在分东西，还是在排顺序的时候，都能让排在后面的小朋友心里舒服一些，接受度更高一些。

我排在了后面，不是因为我成绩差，而是因为我个子最高，视力最好！

同样的，表达能力强的大人，也善于利用这种模型。
优秀的售货员在货品只剩一个时，不会说“抱歉，这款只剩下这一件了”（这种说法让人觉得是挑剩的，卖不掉的）。

而会换一种说法："这款包今年卖得特别快，您来得巧，还有一个，再晚一点可能就白跑一趟了。"

1 东西特别。这款卖得快，说明你眼光好，挑了最时髦的款。

2 你也特别。特别幸运，再来晚一点就白跑了。

读《红楼梦》，聊情商

《红楼梦》中有一处是薛姨妈带了 12 枝宫花送给姑娘们和凤姐，负责送东西的周瑞家的（一位大娘）先给的其他人，最后剩了两枝去给林黛玉。

虽然周瑞家的并不是有意轻视黛玉，可能只是一路送过来，恰巧离黛玉最远，所以最后才到她这里。如果周瑞家的掌握了说话的技巧，可能就不会被黛玉冷言冷语地讽刺，黛玉也不会因此难过。

人的“尊重需求”

黛玉看重的不是宫花这个东西，而是别人对自己的“重视程度”，她是离开家独自寄居在贾府，本就有一种寄人篱下之感，尤其在意别人对自己的态度。

人除了生理需求、安全需求、爱与归属需求这三个基本需求外，还需要尊重需求。我们在与人交往时，要注意别人的尊重需求。

美国著名社会心理学家亚伯拉罕·马斯洛提出了马斯洛需求层次理论。他将人的需求分为五个层次，由低到高依次是：生理需求、安全需求、爱与归属需求、尊重需求、自我实现需求。

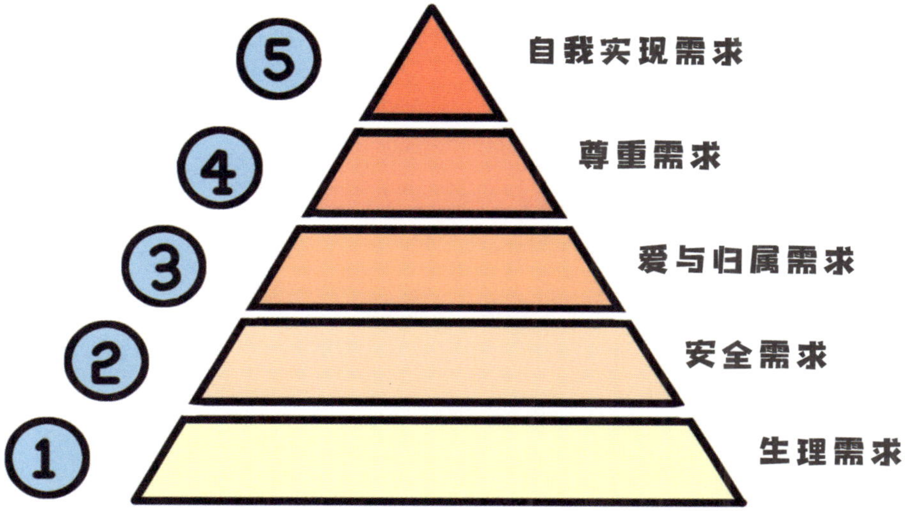

尊重需求包括他人对自己的认可与尊重，人在吃饱穿暖这些低层次需求得到满足后，都希望能得到尊重和重视。我们不仅在分配东西时要尊重每一个人，在平时的交往中也要注意尊重他人，说话时考虑对方的感受，不给人起侮辱性外号，不勉强他人做不喜欢的事。

满足对方的尊重需求

忽视对方的尊重需求

请人帮忙时怎么说？

小朋友之间请人帮忙时，怎样说成功率更高呢？

说话自带甜度的糖糖会怎样说呢？

如果换成不善言辞的嘟嘟，他会怎样说呢？

请人帮忙时，正向的、成功率最高的表达方式是糖糖的。
这种表达方式能提炼出怎样的模型呢？

01

糖糖想让米诺帮忙拿画笔。米诺可能并不想去。

02

他们两个有什么共同的要求吗？似乎没有什么有说服力的说法。这时糖糖可以考虑满足对方的“尊重需求”，先夸赞一下米诺的乐于助人，个子高等，再提自己的要求“帮忙取画笔”。

小雪如果按这个模型来寻求帮助，成功的概率也会大大提高的。

同样的，如果在其他场合，比如公共交通上，按照这种模型来寻求帮助，成功率也会更高哟。

火车上，糖糖妈妈要从行李架上拿箱子。

读寓言，说话要适度

有一篇很有名的寓言故事《狐狸与乌鸦》，其中的狐狸为了让乌鸦说话，极力赞美乌鸦。

本来根本不能开口的乌鸦，在狐狸的一番夸赞之下，都忘记了嘴巴里的肉，开口唱歌了。

可见，很多时候，只要表达恰当，即使本来不太愿意帮忙的人，也会帮助你的。

不过，故事里的狐狸有些言过其实，有些谄媚了，而且它的目的也不正当，所以让人反感。

提供选择权模型（你选这个，还是那个？）

童童不爱喝牛奶，爸爸妈妈想让他每天喝一点。

这孩子啊，不喝就不喝吧。
是的，补钙的方法有好多呢。
Z
Z

童童姐姐刚在学校学了几种高情商模型，她看到妈妈正在头疼的事，想到了方法。

提供选择权模型，就是不直接说出要求，而是给孩子“选择的自由”，引导孩子，这样不会让孩子有“被强迫的感觉”。

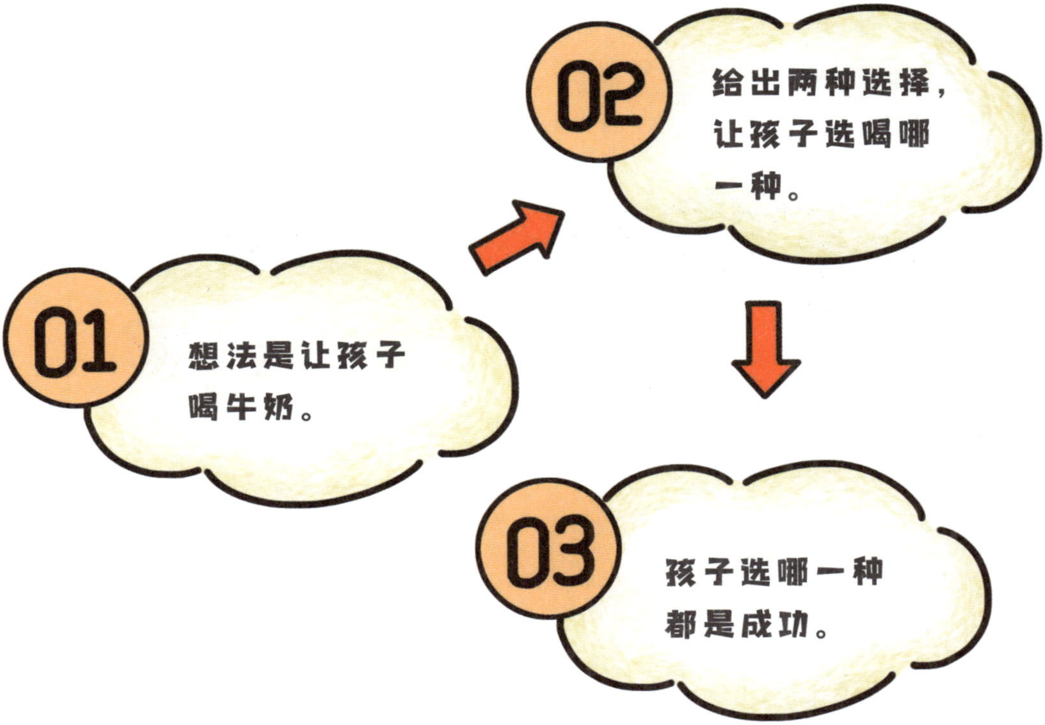

这个模型的关键是给出的两个选项要都符合自己的要求，无论孩子选哪个，都能达到目的。

比如，上面如果改成“可乐和牛奶你想喝哪个”肯定就不对了，达不到让孩子喝牛奶的目的。

小朋友也可以运用这种说话模型。比如糖糖想邀请米诺来家里玩。

米诺可以去也可以不去，答应的概率可能只有 50%。

给出选项之后，小朋友的注意力就从“去还是不去”，转移到了“去吃这个还是去吃那个”，这样问，成功的概率自然就增加了。

小朋友也可以把这种说话模型用到和爸爸妈妈的对话中。

放假了，米诺想出去玩一次，因为大家都出去玩。可是爸爸妈妈都忙。

米诺这次想去海边玩，不想看那些古镇什么的。他想了想又这样问妈妈。

发生争执时，控制自己的情绪（去负面情绪）

嘟嘟这会儿情绪不高，干什么都没有兴致，所以一个人去阅读区看书了。这时，小雪凑了过来。

……嘟嘟和小雪眼看着就要打起来了。

其实，每个人的性格中都有“对抗”的一面，或者说每个人都有脾气上来，不想退让的时刻。

这个时候，前面所有的有效的、好的说话模型都不管用了，被遗忘了。

只有先平复自己的情绪，然后再想想，话要怎样说才能让对方喜欢听并接受。

怎样平复情绪呢？

有的人靠深呼吸，

有的人靠在心里默数 123，

有的人靠一个人静静。

有的人靠运动（比如去操场上跑几圈），

有的人靠 K 歌（大声地唱出来以发泄情绪），

有的人靠写日记（写出来，心情也好很多），

有的人靠向人倾诉（说出来与写出来类似）……

这些难以控制的坏情绪都是负面情绪，去掉这些，才可以正常地面对问题。

嘟嘟怎么说才能达到自己想要的效果呢？

以上这些说法，都不能得到他想要的结果。那怎样说才更有效呢？我们可以按照前面的说话模型，换一种说法。

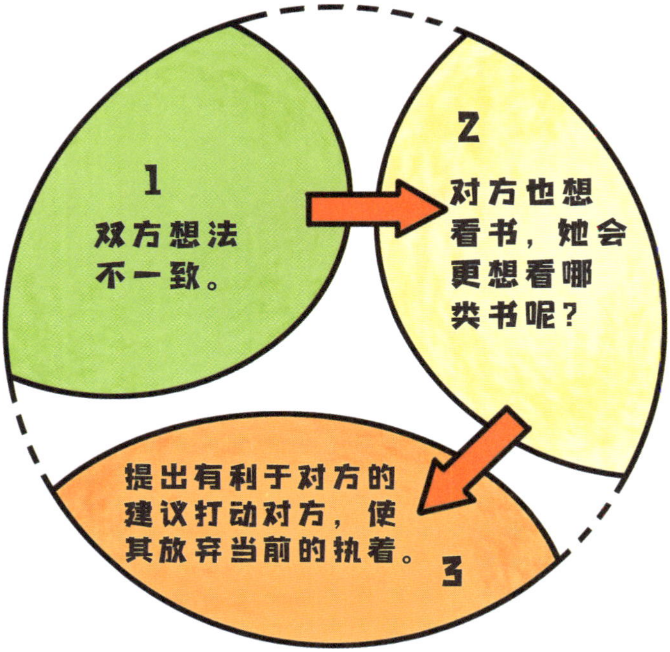

小雪是女孩子，肯定有些书是女孩子喜欢看的。嘟嘟先扫了一遍书架上的书。

小雪走过去，翻了翻，
便坐在那里看了起来。

当出现负面情绪时，可以按以下模型处理。

引发小朋友之间争执的事情各种各样。比如兄妹两个都想先洗澡。这种情况也可以利用这个模型来解决。

哥哥深呼吸，然后对妹妹说：

如果你提的建议不能转移对方的注意力，说明你的建议不够有吸引力，可以换一种更有吸引力的说法，或者想办法让它产生吸引力。比如哥哥假装要先去吃了。

争执中的“理”

有时，孩子们之间会发生争执。那么，在争执中，这时有理的一方就应该理直气壮吗？

十几分钟后。

这时如果处理不好，争执就会激化为冲突了。那如果换一种思维模式呢？

得理饶人？

其实，小朋友之间的争执大多是一些极细微的小事引发的。道理讲清楚之后，大家各自退让一步就好了。

得理饶人并不是让小朋友懦弱怕事，而是讲清楚道理之后，大方地让步。让对方也明白道理、学会让步。

比如，排队时，高个子的大壮挤到瘦小的童童前面。

做到得理饶人的前提，首先也是能去负面情绪，然后用合适的方式表达出自己的看法。

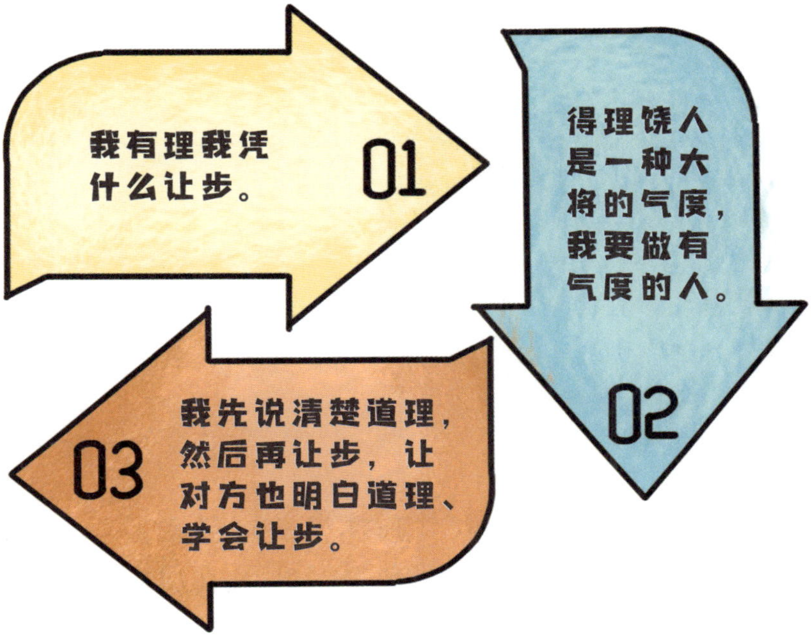

读故事，看社会交往

有一个很有名的故事叫《六尺巷》：老家的邻居为了墙的位置引发了争执，惊动了这一家在京城做官的主人。

管家与邻居发生争执，闹到了官府。没办法，管家只能写信给他家的主人（在京城当大官）。

在京城做官的主人看了老家管家的信，写了一封仅有四句话的回信。

管家看到主人的回信，惭愧地低下了头。是啊，“退一步海阔天空”，让一步又何妨呢？

小朋友们在遇到任何事情时，其实都有许多种解决办法，利用模型思维，先多想几种方式（搜集数据），再给这些方式分一下类，提炼出更适合自己的方法。

形成这种思维方式之后，能让我们考虑事情更全面，处理事情更周到。

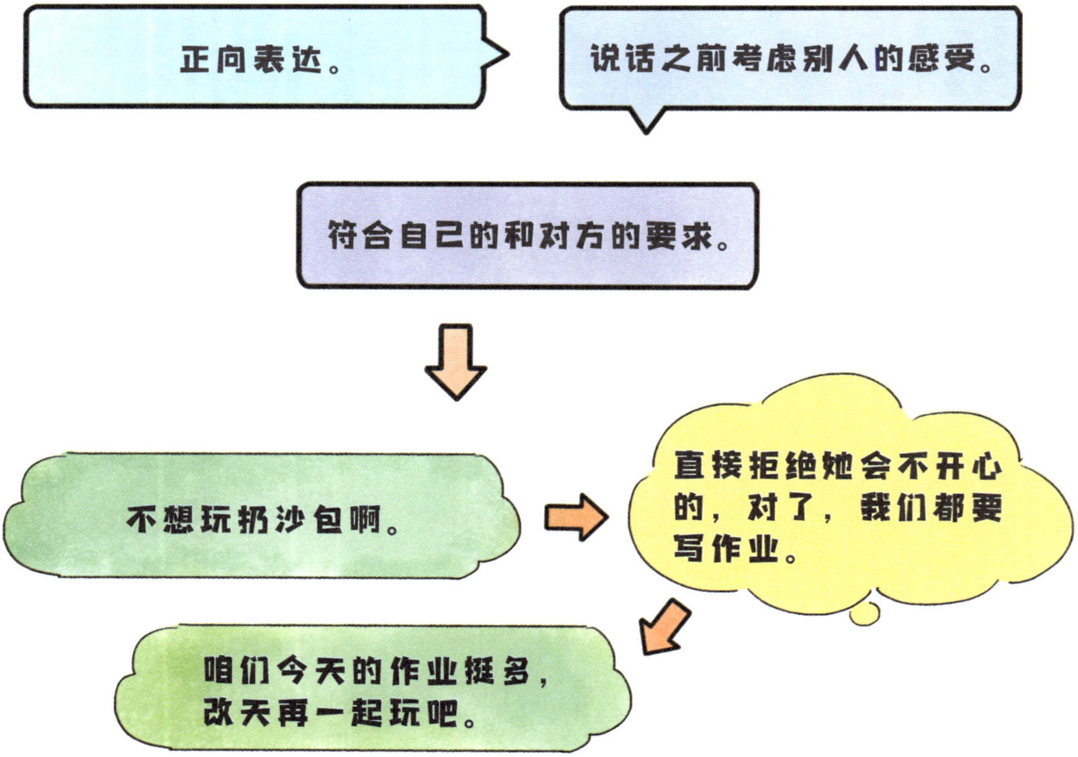

01 想法是让孩子喝牛奶。

02 给出两种选择，让孩子选择喝哪一种。

03 孩子选哪一种都是成功。

01 某种刺激引发了负面情绪。

02 找自己的方法去负面情绪。

03 平心静气地想办法解决问题（提符合对方利益的建议）。

图书在版编目（CIP）数据

AI时代的学习力：用模型看世界．高情商模型 / 真果果主编；姜晓倩著；白开水绘. -- 北京：海豚出版社，2025.6. -- ISBN 978-7-5110-7393-8

Ⅰ.G442-49；B804-49

中国国家版本馆CIP数据核字第2025N0Q035号

出 版 人：王 磊

责任编辑：杨文建 白 云
封面设计：赵 阳
排版设计：赵 阳
责任印制：于浩杰 蔡 丽
法律顾问：北京市君泽君律师事务所 马慧娟 刘爱珍

出 版：海豚出版社
地 址：北京市西城区百万庄大街24号 邮编：100037
电 话：010－68996147（总编室） 010－84645083（销售）
传 真：010－68996147
印 刷：朗翔印刷（天津）有限公司
经 销：全国新华书店及各大网络书店
开 本：16开（710㎜×1000㎜）
印 张：16
字 数：100千字
印 数：1－6000
版 次：2025年6月第1版 2025年6月第1次印刷
标准书号：ISBN 978－7－5110－7393－8
定 价：100.00元（全4册）

本书二维码自版权页所标注印刷之日起三年内有效。